同理倾听

LISTENING WELL
The Art of Empathic Understanding

[美]威廉·米勒（WILLIAM R. MILLER）/著

于娟娟/译

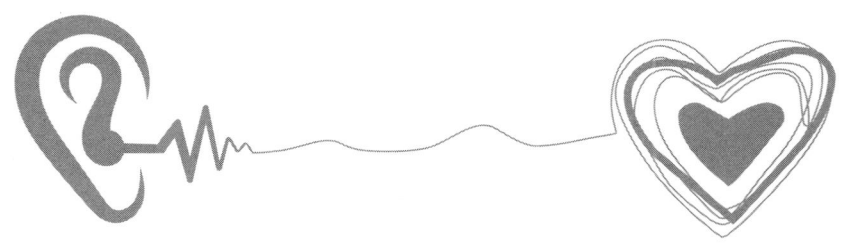

华夏出版社
HUAXIA PUBLISHING HOUSE

目 录

前言 / 001

第 1 章 相处 / 001

第 2 章 精准同理心 / 007

第 3 章 精准同理心怎样发挥作用 / 011

第 4 章 同理理解的态度 / 019

第 5 章 倾听的路障 / 023

第 6 章 没有声音的画面 / 031

第 7 章 不停提问 / 035

第 8 章 形成反馈 / 041

第 9 章 进一步深入 / 051

第 10 章 肯定 / 065

第 11 章 表达自我 / 069

第 12 章 在人际关系中善于倾听 / 077

第 13 章 亲密关系中的同理理解 / 089

第 14 章 倾听价值观 / 109

第 15 章 在冲突中好好倾听 / 129

第 16 章 同理理解的前景 / 147

前 言

如果问一个人,他是不是一个"好的倾听者",大多数人都会回答"是的"。然而,良好的倾听涉及一系列技巧,这些很少能在家里或学校里学到,而这对于生活质量和人际关系又十分重要。当然,我还称不上一个好的倾听者,但这是我长期以来学到的最重要的事情之一,而且现在我仍在继续练习。

好好倾听不仅仅意味着保持安静(虽然这是个好的开始),还涉及很多其他方面。这种能力最初被称为精准同理心[1],它不仅仅停留在感知层面,还是你的**行为方式**,是一种"准确而敏感地**感知到**(某个人的)感受和这些感受意味着什么的能力,以及沟通能力"。[2]

好消息是,人们可以学习这些重要的技巧,在这方

---

1. Rogers, C. R. (1959). 在以客户为中心的框架中发展出的一种关于心理治疗、人格和人际关系的理论。In S. Koch (Ed.), *Psychology: The study of a science. Vol. 3. Formulations of the person and the social contexts* (pp. 184–256). New York: McGraw-Hill.

2. Truax, C. B., & Carkhuff, R. R. (1967). *Toward effective counseling and psychotherapy.* Chicago: Aldine, p. 285. Italic emphasis in the original text.

面可以做得越来越好。五十多年以来，我一直在帮助人们培养同理理解的能力。[1] 我曾指导过普通大众、接受咨询的个人和夫妻、志愿者和辅助专职人员的助手、本科生和研究生、牧师以及健康和社会服务领域的专业人士。你不需要取得大学学位就能学习这方面的内容。事实上，我们在研究中发现，接受教育的年限和使用本书所述的技巧所需的能力之间没有任何关联。相对而言，很少有人通过日常经验就能掌握这些技巧，但通过学习肯定是能学会的。

也许，从来没有比现在更需要在社会上复兴同理理解的能力和慈爱之心。不人道的行为和各种冲突持续撕裂着这个世界，包括美国在内的民主国家已屈从于互存敌意的双方对立，几乎没有人会倾听所谓"另一方"的话。在政治、商业和国际关系中，冲突被视为一种可行的解决方案，即使它并不是根本的解决办法。而社会话语则转向越来越缺乏人情味的电子社交媒体。世界不应该变成这样。

同理理解的能力是我们大脑中一种固有的能力，一

---

[1]. 在本书中，我交替使用"同理理解"和"精准同理心"这两个术语，指的是应用具体倾听技巧所需的更广泛的能力。

前言

般来说可能有利于个体和人类生存。就像其他方面的天赋一样（比如体育和音乐），这种能力的展现在某种程度上取决于个人能力，也取决于实践机会。[1] 本书从第 5 章开始通过"试一试！"这个小专栏为你提供用练习来提升技巧的机会。最终，关键是要把这些技巧融入日常生活中。

慢慢阅读这本小书。没错，阅读本书时需要理解整体概念，但也有一些具体技巧不能仅仅通过阅读来学习。各个章节依次介绍了相互影响的各个组成部分，就像学习演奏乐器一样，需要耐心地投入时间去练习。有些部分在你看来可能简明易懂，那是因为这是一些你已经了解的关于沟通的知识；还有一些部分看似简单，但实际应用时反而更具挑战性。这些内容综合起来，代表了你在一生中可以不断完善的一种技能。

---

1. Gladwell, M. (2008). *Outliers: The story of success.* New York: Little, Brown.

第1章

相 处

你永远不可能真正理解一个人,除非你站在他的角度考虑问题,除非你进入他的身体走过世间。[1]

——哈珀·李

人类属于高度社会性的生物。我们的语言、习俗、价值观、态度、信仰,甚至我们的自我理解,都是在与他人互动的过程中发展出来的。如果有人问:"你是谁?"很可能大部分的答案都要从人际关系的角度得出。你会描述你的家庭角色、文化或信仰认同、职业或业余爱好。"我们是谁"都是根据我们与他人之间的关系来描述的,甚至那些看似与人际关系无关的描述(比如单身、无党派、独居、无神论者或自给自足),其实

---
1. 引自《杀死一只知更鸟》(*To kill a Mockingbird*)。

同理倾听

同样是基于我们与他人之间的关系来体现我们是什么样子的人。

人类的天性有一个很棒的地方,即我们不会受限于自己的经验和观点。书籍和电影令我们有机会接触到他人的想法、观点、生活和想象。每一次谈话也都为我们带来类似的体验。我们不会局限于自己已知的范畴,也没必要让自己的生活不受他人的影响和改变。我们属于社会性的生物,能够从彼此的经验中获益。

走出我们自己的视角,进入另一个人的视角,真正认识到除了我们自己以外还存在其他现实,这种能力对于人类发展来说十分重要。感知和认同别人的观点并产生共鸣的能力,通常称为同理心,是人类智慧的一个重要组成部分。即使在简单的感知层面上,我们也能做到这一点。如果你从这一侧观察一个物体,能想象它从另一侧看起来是什么样子并把它画出来吗?试试下图所示的两个图形。你能否想象这两个物体从后面看是什么形状?有些人比其他人更擅长这方面,但这种能力一般会随着孩子的成长发育而不断发展。

站在另一个人的角度看待问题,可以超越纯粹的感官知觉,想象这个人在特定情境下的想法或感受。人们被

第1章 相处

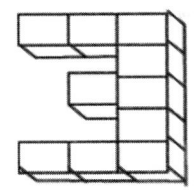 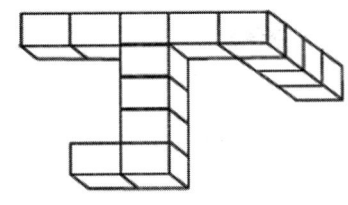

电影、书籍或戏剧感动时,就是把自己放在某个角色的位置体会那个人的感受。倾听别人讲话时,我们可以想象他们有怎样的感受,他们还有什么想法没有说出口。甚至敌对双方也可以试图猜测对方的想法。

我们天生就拥有这种能力。人类的大脑中存在"镜像"系统,会重复所观察到的动作的电学模式。看到或想象别人用重锤敲打钉子,你自己的肌肉也会微微绷紧,就好像你亲自在做这个动作一样。看到别人的面庞被轻轻抚摸,你自己的大脑中关于那块皮肤的感觉区域也会被激活。能够觉察他人的体验和意图,这是一种重要的社交技巧,甚至对于个人和物种的存活来说也十分关键。缺乏这种能力的人,就像孤独症患者一样,在与他人的相处方面会存在严重问题。

觉察和猜测别人的想法和感受,这是我们内在的天性。显然，我们的猜测也可能是错误的，甚至经常是错误的。我们可能会误解别人的意图、感受或用意。因此，同理理解或**精准同理心**的能力十分重要。这是人们生活在一起所需的一项重要技巧，可以通过练习来加强。同理理解不仅仅是你拥有的**能力**，也是你的**行为**和**体验**。它会体现在人际关系中，使你的生活变得丰富多彩。如果你能培养出这种必备的技巧，它也会成为你送给别人的一份宝贵的礼物。这有助于避免误解，使你们之间的交谈更加流畅顺利。

  练习本书中描述的这些技巧，有助于在你的生活中进一步巩固和加深与你的朋友、家人、同事、合作者、客户或学生之间的人际关系。后面很多章节都有"试一试！"的环节，帮你通过练习培养自己的同理心技巧。我建议你多做实际练习，和愿意帮助你学习的人或者同样愿意学习这方面技巧的人一起尝试练习。不要一开始就在最困难的情况下尝试，比如发生冲突或关系紧张的时候。当你放松的时候是最容易学习的，你的头脑清晰，可以专注于自己所做的事情。练习的目标是**理解**他人，并且让他们知道你能够理解。要专注于在练习中做得越来越好。也许你会想到很多想说的话，但要专

第 1 章　相处

注于尝试不同于以前的全新做法。随着时间的推移，练习成果可能会改变你的整个生活——我就是一个现成的例子。要对你自己有耐心。就像学习一项运动或一种乐器，首先要熟练掌握一些基本技巧。

第 2 章

精准同理心

（同理心）是我们应用自我的最微妙和最有力的方式之一。虽然关于这个主题已经说了很多，也写了很多，但这种存在方式很少能在人际关系中全面展现出来。[1]

——卡尔·罗杰斯

从某种程度上说，同理心是与生俱来的，但精准同理心则不然。我们可以猜想别人的想法和感受，但这并不意味着我们的猜测是正确的。然而，大多数人在大多数时候都认为自己的诠释是准确的并据此行事，这会成为很多误解和冲突的根源。

---

1. Rogers, C. R. (1980). Empathic: An unappreciated way of being. In C. R. Rogers (Ed.), *A way of being* (pp. 137–163). New York: Houighton Mifflin. page 137

同理心不是什么

首先讨论一下同理心不是什么,这样可以帮助我们思考同理心是什么。同理心(empathy,英文的字面意思是**进入感受**)不同于**同情心**(sympathy,指对某人感到怜悯或可怜)。事实上,同情心意味着与别人保持一定距离,退到远处为另一个人感到难过(强调**别人、另一个人**)。同情心值得赞许,会促使人们做出慈悲的行为,但这与同理心不是一回事。

同理心也不同于**冷漠**(apathy,缺乏感受或关心)。冷漠意味着与外界脱节、漠不关心或毫无兴趣。这可能会被误解为客观性,即观察一个对象而并不建立情感连接。同理心与此相反,不仅关注另一个人,还要建立连接,对理解对方目前有何体验抱有积极的兴趣。

最后,同理心不同于跟别人**产生共鸣**(identifying)。它不需要有类似的经历,或者同时产生类似的感受。抱有同理心理解一个愤怒的人,并不需要你自己也同时感到愤怒。要说有什么区别的话,因为与自己的类似之处而与他人产生共鸣,反而会妨碍精准同理心。因为表达的内容太过相似,你反而无法理解这与你自己的体验有何区别。

第 2 章 精准同理心

一种学得会、用得上的技巧

精准同理心是一种可学习的技巧。这种能力意味着能够清楚地理解别人的体验,"懂得"他们。罗伯特·海因莱因在他的经典小说《异乡异客》(*Stranger in a Strange Land*)中创造了一个动词来形容这种情况:神交(Grok)——我很清楚你的意思。可以肯定的是,有些人在培养同理心技巧时具有先天优势。他们会更快地掌握这种技巧,实现**神交**。另一些人从一开始就要努力放弃自己的假设,接受别人的观点,这很艰难。这些年来,虽然我尽了最大的努力,但有几个人我始终无法教会他们这种技巧,他们似乎很难从别人的视角看待问题。但大多数人都能掌握精准同理心的技巧。也许这就像演奏乐器一样,有些人似乎天生就能靠耳朵和天赋迅速入门,另一些人则是真正的"乐盲"。有更多的人介于二者之间,能够培养出一定技巧,而且,随着时间的推移,他们通过练习和指导会取得进步。但即使学会了这种能力,他们也可能缺乏实践,或者不经常使用。

无论如何,这值得一试。精准同理心可以使沟通变得更加清晰,巩固人际关系,在亲子、教育、友谊和商业等方面都会为我们带来帮助。这也是助人行业的一种基本技巧。培养精准同理心是一个终生学习的过程,你可以通过练习不断取得进步。

我必须补充一下,这不仅仅是个技术过程。虽然你可以练习一些具体的技巧,变得越来越熟练,但随着时间的推移,同理理解会成为你自身的一部分。敞开心扉理解别人的体验会逐渐改变你,这就像练习乐器和成为音乐家之间的区别。

不过,我们现在还言之过早。

第 3 章

精准同理心怎样发挥作用

大多数人倾听不是为了理解，而是为了做出回应。[1]
——史蒂文·柯维

从某种意义上来说，精准同理心很简单。它只不过是正确理解另一个人的想法、感受、体验和意思。真正擅长这方面的人看似轻而易举就能做到，但事实上并非如此，至少刚开始的时候不是。知易而行难。

心理学家卡尔·罗杰斯的学生托马斯·戈登一生致力于促进人们对精准同理心的理解，他针对精准同理心给出了一个明确而有效的图表[2]。其中只包含四个方框，如

---

1. 引自《高效能人士的七个习惯》(*The Seven Habits of Highly Effective People*)。

2. Gordon, T. (1970). *Parent effectiveness training.* New York: Wyden.
Gordon, T., & Edwards, W. S. (1997). *Making the patient your partner: Communication skills for doctors and other caregivers.* New York: Auburn House Paperback.

同理倾听

下图所示。

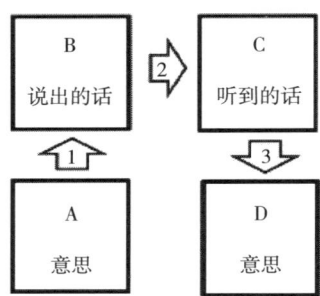

一个人通过说话或其他方式进行沟通之前，存在隐含的意思，也就是因那个人的毕生经历，那一刻在他头脑中和内心中所产生的想法。这就是左下角的方框A，标记为**意思**。

接下来是方框B：那个人说了什么，即**说出的话**。如果通过电子邮件或文本沟通，你只能看到语言本身。但如果是面对面沟通，我们所"说"的远比文字记录要多。更多的补充信息包括面部表情、声调、音量、姿势以及动作等。为了简单起见，左上角的方框标记为**说出的话**，但要记住这里涉及更多方面。

现在请看图表右侧，这里代表倾听者。第一步是正确理解话语，倾听讲话者实际说出的内容（方框C）。法庭书记员拥有一种令人印象深刻的技能，可以准确记录人们所说的每一个词语。如果发挥良好，相当于通过"即时回放"准确重现之前所说的话。右上角这个方框就是**听到的话**。

最后是右下角的方框D，同样标记为**意思**。倾听者对自己听到的内容进行诠释。讲话者是什么意思？这始终只是一个猜测，虽然倾听者往往意识不到自己的诠释其实属于猜测和假设。

有三个地方可能出现沟通错误，我用箭头内的数字表示。首先（箭头1），所有人都知道，人们所说的话不一定能确切表达出他们的意思。事实上，任何话语都只包含丰富多彩的内心体验的其中一小部分含义。讲话者可能不擅长把自己的意思用词语表达出来，或者用的是第二语言或第三语言。尴尬、恐惧、希望给人留下好印象或者有意欺瞒，都会对说出的话语产生影响。话语仅仅体现出故事的一小部分内容，这是清晰的沟通可能偏离轨道的第一个地方。

其次（箭头2），倾听者必须听到对方说了什么。这可能会受到很多因素的阻碍，包括漫不经心、距离远、

同理倾听

注意力分散、听力障碍或者倾听的内容不是你的母语。如果未能准确接收到对方说的话语，方框 C 和方框 B 会存在区别，这是造成误解的另一个潜在来源。

最后（箭头 3），需要对讲话者的意思进行解码，这是误解的一大来源。倾听者会迅速（而且基本上是无意识地）在内心的词典中查遍每个词语可能表达的含义，根据过去的经验进行诠释。到了这一步，方框 D 很可能与方框 A 区别很大，但倾听者可能会认为方框 D **就是**方框 A。

现在来看一个例子。想象一下，有两个人同居了一年左右。其中一个人（倾听者）在办公楼工作，而另一个人（讲话者）主要在家处理家务、照顾家庭。晚餐结束后，讲话者希望他们能共度一段美好的时光，但还没来得及说出口，就看到伴侣开始整理一些材料，打算回去工作，她感到很失望，而且对方那天晚上同样也没有将打算回去工作的意图说出口。一直盼望有时间和对方共处的讲话者可能会产生这样的内心体验（方框 A）："我爱你，我真的很怀念我们一起共度的时光。我希望今天晚上我们可以一起待在家里，有时间聊聊天，也许还可以做爱。"

第 3 章 精准同理心怎样发挥作用

那么，讲话者是如何把这一切用语言表达出来的呢？她实际说出的话（方框 B）是："你要出去吗？"

倾听者不难听到这些话语（方框 C），即使他们当时并没有彼此对视。这个问题在倾听者耳边回响，同时讲话者的语气听起来还带着几分恼怒。不巧的是，倾听者是由非常专制的父母抚养长大的，他一直想要反抗他们的控制。因此，这句话的意思（方框 D）听起来变成了："你应该提前告诉我你打算做什么，并得到我的许可。"结果，倾听者回答："别跟我啰唆！"

仅仅一个问题就带来这么大的误解！讲话者希望表达的是"我爱你，希望我们能一起相处"，却惊讶地听到对方说"别跟我啰唆！"，遭到了断然拒绝。这是什么意思？这个过程会这样继续下去。

精准同理心会关闭循环，实现正确理解，而非误解。在最简化的层面上，就是要确定方框 D 是否和方框 A 一样——我猜对了吗？后续章节中将描述一些可应用于这个过程的可学习的技巧。再次强调，这些技巧看似简单，但不一定容易掌握。关键在于，精准同理心需要**搞明白**你的理解是否准确，而非仅仅假设它是准确的。然而，不断询问"我听到你说的是……对不对？"会令

同理倾听

人抓狂,人们一般不会这样交谈。将精准同理心融入日常对话是一门艺术,会令讲话者和倾听者保持步调一致。实现这一点需要掌握真正的技巧。

我们是值得为此付出努力的。如上面的例子所示,从方框 A 到方框 D 仅仅经过一个循环都可能发生严重的错误。清晰的沟通在几乎所有的人际关系中都是关键所在,第 12 章和第 13 章将进一步探讨这个主题。一旦学会了精准同理心,这将成为你送给别人的一份宝贵的礼物。

对于讲话者来说,这份礼物有几项重要价值。首先,传达了倾听者的关心和尊重,即使倾听者并没有直接说:"你对我很重要。我希望理解你的意思,我愿意花时间更好地了解你。你所说的话语和其中的含义对我来说很重要。"其次,这有助于使讲话者感到有人倾听和理解自己。没有必要一遍又一遍重复同样的话,因为倾听者能够清楚地理解。第三项价值同样重要,它可以帮助讲话者探究并更清楚地理解他们自己的体验。事实上,心理咨询师正是出于这个原因,才会深入细致地学习精准同理心的技巧。

这份礼物对于送礼人也很有价值。对倾听者来说,

第 3 章 精准同理心怎样发挥作用

可以消除误解、深化人际关系。我相信，随着时间的推移，实践精准同理心也会改变倾听者。同理理解的能力可以带来更好的接纳、慈悲、宽恕和谦卑。它会始终提醒你，你不是宇宙的中心，不是真理的唯一来源。精准同理心会打开你对人类多样性和相互连接的觉察，至少以我的经验来说是这样的。

第4章

同理理解的态度

大多数人真正需要的是用心倾听。

——玛丽·卢·凯西

就像音乐一样,同理理解不仅仅是一种技巧。毫无疑问,部分技巧可以通过练习来提升,但问题的本质不在于技术。良好的倾听就像戴上一顶特殊的帽子,抱有同理心的态度,接受一个特定的角色。练习精准同理心时,在谈话中会抱有这种心态或"心境"。这并不是开始练习之前的先决条件。如果说有什么区别的话,练习精准同理心会教会你这些关于思维和心灵的习惯。不过,你至少需要有这种意愿,对同理理解背后的假设抱有开放的心态。

第一项假设是,从另一个人的角度看待事物,"设

同理倾听

身处地"地理解他们的感知和体验,这是非常重要的。事实上,这是清晰沟通的先决条件,要认识到你的猜测在最好的情况下也是不完整的。至少,在你确定自己理解之前不要给出回应。

其次,愿意让自己不成为关注的焦点。同理心就是要远离自我中心,为了实现理解,暂时搁置你自己的存在。同理理解意味着对别人的体验真正抱有兴趣和好奇心。我作为心理学家所享有的最大特权之一,就是能够被允许进入这么多不同的人的隐秘的内心世界。这种乐趣并不局限于助人行业的专业人员。我们不但可以与朋友和爱人分享这种乐趣,也应该这么做。这可以成为教育、领导、服务和指导的重要组成部分,改善我们与家庭成员和同事之间的关系。

超越自我的倾听帮助我们发现别人的智慧。第三种心态是:我们能从别人那里学到很多东西,尤其从那些在某些重要方面与我们存在区别的人身上学习。同理理解包括尊重和重视区别,并从中学习。

在更深入的层次上,隐藏在精准同理心之下的是同情心——一种内心的意图和习惯。同情心不仅仅是对他人抱有兴趣或好奇心,还希望他们能够幸福,并致力于实现这一点。你越能理解别人的痛苦,就越渴望减轻这

第 4 章 同理理解的态度

种痛苦。[1] 你越是深入地倾听他人，就越能感受到你们之间有多么相似，能够彼此连接。

愿意站在另一个人的角度看待事物，停止自我中心，尊重并接纳他们呈现出的样子，并希望他们能够获得幸福——思维和心灵的这些习惯，是同理理解的基础和动机。

---

1. Salzberg, S. (1995). *Lovingkindness: The revolutionary art of happiness.* Boston: Shambhala Publications; Armstrong, K. (2010). *Twelve steps to a compassionate life.* New York: Alfred A. Knopf.

第5章

倾听的路障

我们有两个耳朵和一个嘴巴,我们应该按比例使用它们。[1]

——苏珊·凯恩

有一种理解事物的方法是,首先要知道它不是什么。虽然我们大多数人都相信自己是一个好的倾听者,但我们在谈话中的实际做法却完全是另外一回事。

在这里,我再次借用托马斯·戈登的著作来描述良好的倾听不是什么。[2]我稍微修改了一下他描述的倾听过

---

[1] 引自《安静:话唠世界中内向者的力量》(*Quiet: The Power of Introverts in a World That Can't Stop Talking*)。

[2] Gordon, T. (1970). *Parent effectiveness training*. New York: Wyden. Gordon, T., & Edwards, W. S. (1997). *Making the patient your partner: Communication skills for doctors and other caregivers*. New York: Auburn House Paperback.

同理倾听

程中的 12 种路障,但其中蕴含的智慧和简洁性要归功于他。有时,即使人们本身的意图是成为一个好的倾听者,但他们也经常以这 12 种方式做出回应,这并不是良好的倾听。

1. **指挥**——像下达指令或命令一样告诉别人做什么。
    - 你必须面对现实!
    - 别闹了!
    - 马上回去,告诉她你很抱歉!
    - 别抱怨了,做点什么吧!

2. **警告**——指出一个人所做的事情有何风险或危险。也可能是一种威胁。
    - 如果你这样做,你会后悔的。
    - 难道你不知道,如果你继续这样下去会发生什么?
    - 你会毁掉这段关系的。
    - 你最好听我说。

3. **忠告**——提出建议和提供解决方案,一般是为了提供帮助。
    - 如果我是你,我会这样做……
    - 你有没有想过……

第 5 章 倾听的路障

- 你可以尝试……
- ……怎么样?

4. **说服**——可以是演讲、辩论、给出理由,或者试图用逻辑让对方信服。
   - 如果你想一想,你就会意识到……
   - 是的,但你难道没有看到……
   - 现在让我们全盘考虑一下,事实是……
   - 这是正确的做法,原因在于……

5. **说教**——告诉别人应该做什么。
   - 你真的应该……
   - 你需要……
   - 我认为你应该这样做……
   - 你的责任是……

6. **评判**——可能采取责备、批评的形式,或仅仅是表示不同意。
   - 好吧,这是你自己的错!
   - 你早上十点还在睡觉?
   - 不,这一点你错了。
   - 好吧,你期待的是什么?

同理倾听

7. **同意**——一般听起来像是支持、赞同或表扬对方。
   - 是的，你完全正确。
   - 这对你有好处！
   - 我也会那样做。
   - 你真是个好妈妈。

8. **羞辱**——或嘲笑，包括对某人所说或所做的事情下定论或抱有刻板的印象。
   - 这是一种愚蠢的思考方式。
   - 你怎么能做出这种事？
   - 你真的应该为自己感到羞耻。
   - 你太自私了！

9. **分析**——重新诠释或解释某人所说或所做的事情。
   - 你其实不是那个意思。
   - 你知道你真正的问题是什么吗？
   - 你只是想让我没面子。
   - 我认为这里的实际情况是……

10. **探查**——提出问题以收集事实或催促对方给出更多信息。
    - 你第一次意识到那一点是什么时候？
    - 是什么让你产生这种感受？

第 5 章 倾听的路障

- 你上次是在哪儿看到它的?
- 为什么?

11. **安慰**——听起来像是同情或劝慰。
    - 哦,你这可怜的家伙。我为你感到难过。
    - 好了,好了——我相信一切都会好起来的。
    - 事情并没有那么糟。
    - 一年后你再回忆这件事,很可能会笑出声。

12. **分散注意力**——试图通过幽默、改变话题或回避让人们把自己的当前体验抛诸脑后。
    - 我们谈谈别的吧。
    - 哦,你是个忧郁的家伙吗? 高兴点。
    - 你认为你遇到了问题。让我来告诉你……
    - 这让我想起一个笑话。

这些路障有什么问题?

有时,当我把这些回应方式描述为路障时,人们会问:"这有什么问题?"其实我并不是说这些回应是错

同理倾听

误的。每种回应都可能适用于某些时间和地点，只是它们不属于良好的倾听方式。如果你希望培养精准同理心的技巧，关键是要停止使用这些条件反射式的回应方式。路障往往会导致人们偏离他们的自然体验。讲话者必须绕过这些路障才能继续保持朝同一方向探索，这些路障可能会转移他们的注意力。

这些路障式的回应背后还有一些隐含问题会妨碍理解。很多人会有意无意地采取一种占上风的立场讲话："我最清楚。听我说。"有些人则直接奚落对方，暗示讲话者有问题，这会导致沟通就此结束。另一些比如表示同意、安慰和分散对方注意力的话也多半会为谈话画上句号，好像在说："你说得够多的了。"并不是说你绝不能以这些方式回应，只是如果目的在于理解一个人的观点和体验，这些都不是良好的倾听。

第 5 章　倾听的路障

试试看！

要体验路障式回应的局限性,花不了太多时间。正如本书中大多数的练习一样,你需要至少一名练习搭档。这项练习需要讲话者和协助者。讲话者的任务是讨论你希望自己改进的地方——一些你希望在日常生活中发生的积极变化。整个谈话大约需要 5 分钟时间。首先简单描述一下你正在考虑做出怎样的改变。

协助者的角色是在 5 分钟内插入尽可能多的路障式回应。把路障式回应列表放在手边。每种回应都可以言简意赅:

- 评判:你确实应该这样做。你需要这样做。
- 同意:是的,你是对的。
- 解释:我认为这不是你真正的问题所在……
- 建议:你可以这样做……

从中享受乐趣。不需要过于严肃,只要持续努力尝试就好。讲话者试着继续谈论你可能做出的改变。协助者负责一直插入不同的路障。如果谈话变得乱七八糟,你们就能看清楚问题所在。如果双方愿意,可以交换角色再试一次。

第6章

没有声音的画面

一定要抓住闭嘴的机会。

——威尔·罗杰斯

无论你是否在倾听和理解,即使不发出声音,也有办法进行沟通和交流。想象一下,你看到视频中的两个人在交谈,但声音被关掉。如果你看不到谁的嘴唇在动,你怎么知道其中一个人正在倾听,对另一个人所说的话的理解程度又如何?换句话说,一个好的倾听者是什么样子的?在不同的文化中,答案可能千差万别。例如,倾听者在谈话时站得离讲话者多近或多远,以及他们是否乐意接触讲话者,都存在明显的文化差异。所以,在我描述倾听的迹象时,请记住这些差异的存在,尤其是如果你生活的文化背景与美国和欧洲的差

同理倾听

别很大时。

关键在于，要体现出你投入了全部的注意力。一个能说明你正在持续倾听的信号与眼睛有关。专心致志的倾听者往往会与讲话者保持相当稳定的眼神交流，而讲话者一般会在看着倾听者的眼睛和移开视线之间不断切换。但在某些文化和环境中，人们认为倾听者为了表示对讲话者的尊重，不能盯着对方看，而是要放低视线。根据自己的经验，你会知道在自己的文化中怎样显得专心致志，不过常见的做法是在你作为倾听者时与讲话者保持眼神接触。而作为讲话者，可以放松地移开视线，不必始终保持与倾听者的眼神接触——除非你们直接**面对面**坐着或站着。

在不发出声音的情况下，你还能怎样做来表现你在良好地倾听？是否最好保持一张客观的"扑克脸"，不要有太多的面部表情变化？这样做在某些环境中（比如打扑克时）挺合适，但一般来说，积极的倾听者其面部表情会不断变化，在一定程度上反映了讲话者正在说的内容。如果二者不匹配则反映倾听者的注意力不集中，比如讲话者提到一些非常悲伤的事情，这时倾听者露出微笑会很奇怪。偶尔点点头（但不要一直上下摆动）可

第6章 没有声音的画面

以表达理解;某些姿势可以体现出兴趣和注意力——转过来或背过去,向前倾或向后靠。

体现良好倾听的方式也包括你什么也不做。有同理心的倾听者不会打断对方,不会环顾四周寻找更感兴趣的人,也不会看手表或摆弄电子设备。想一想怎样从没有声音的画面中看出一名倾听者是兴致盎然还是宁可去做别的事。

还有那些拟声词:啊哈、嗯、嗯嗯、啊!还有喘气或叹息声。在斯堪的纳维亚和加拿大滨海诸省,如果听到人们伴随着呼吸发出"呀"的声音,表示他们正在倾听或表示同意(但他们不会以这种方式回答问题),类似于其他人使用"嗯,嗯"的方式。这些小小的声音是在说"我听到了""我支持你""再多跟我说说"。

同理倾听

试试看！

这项练习可以提升你对倾听程度的觉察。与搭档合作，你们中的讲话者准备用大约 3 分钟的时间以独白的方式谈论一个话题。一些可选的话题包括：

- 在我的家乡长大是什么感觉。
- 我最喜欢（或梦想）的假期。
- 我的一段别人可能很难理解的经历。

倾听者的角色是表现出你正在倾听，对此感兴趣，并且能够理解，而不使用任何词语，甚至不像前面描述的那样发出声音。你怎样才能在不发出声音的情况下体现出自己正在倾听？你怎样才能不用语言就表现出你准确理解了讲话者所说的内容？如果你们愿意，可以交换角色再试试。讨论在这项练习中作为讲话者和倾听者各自的体验。

第 7 章

不停提问

关键是不要停止提出问题。好奇心有其存在的理由。[1]

——爱因斯坦

现在,你已经练习过不使用言语的倾听(第 6 章),是时候配合画面开启声音了。一般来说,倾听者要做的第一件事就是提出问题。毕竟,面试官就是这么做的。记者们都有问题列表,列出他们想知道答案的问题。

在精准同理心的世界中,的确有提问的空间,但也存在一些重要限制。一方面,正如第 5 章所讨论的那样,提出问题和倾听是不一样的。事实上,它会成为一个路障,因为你会把对方的注意力引向你自己尤为关注的话题,而不仅仅是以接受的心态倾听。在努力成为一

---

1. 引自《老人给青年的忠告》(*Old Man's Advice to Youth*)。

同理倾听

个好的倾听者时,大多数人会提出太多的问题,而改变过分依赖提问的习惯是培养精准同理心的一部分。问题太多会让人感觉像在审问一样。一项简单的指导原则是,不要连续提出三个问题。

然而,问题也确实有它的作用。一个问得好的问题就像打开门邀请对话,你可以随后进行良好的倾听。提出问题还可以帮助你搞明白一些你不理解的事情。

开放式问题和封闭式问题存在区别。封闭式问题要求简短的回答,询问的是特定信息,从而限制了对方回答时的选择。下面是一些封闭式问题的简单示例:

- 你的地址是什么?(收集事实)
- 你抽烟吗?(是或否)
- 你喜欢咖啡还是茶?(多选)
- 你不认为你应该削减开支吗?(反问式修辞——暗示首选答案)

封闭式问题更具控制性,听到一连串这种问题会使讲话者处于被动。有时它的潜台词是"当我问了足够多的问题,我就会为你找到答案"。

相反,开放式问题为各种各样可能的答案打开了大

第 7 章 不停提问

门。下面是一些示例：

- 你这周过得怎么样？
- 对你来说，典型的一天是怎么过的？
- 给我讲讲，在你成长过程中你的家庭是什么样子？
- 是什么令你感到苦恼？

你可以看到，即使是开放式问题也会在一定程度上限制谈话的主题，但至少它们会成为一个起点。在提出这样一个开放式问题之后，试着仅仅倾听，而不要随后提出更多的问题，然后看看在没有你引导的情况下谈话会怎样发展。

倾听者往往会提出很多问题，因为他们不知道还能怎么做。如果第 5 章中出现的所有路障在倾听中都没有出现，那么留下的是什么？这就是第 8 章的主题。

同理倾听

试试看！

在这个你只能提出封闭式问题的练习中，寻找一些乐趣。这会成为下一章的基础。虽然两个人也能进行这项练习，但三到四个人更合适。大家轮流担任讲话者，任务是这样说："关于我，你们应该知道的一点是，我＿＿＿＿。"在空格中填入一个描述你自己的形容词，留下一些解释的空间。比如：我是坚持不懈的、体贴的、倔强的、忠实的、有耐心的、富于创造力的、充满好奇心的、富有同情心的、乐于冒险的。

倾听者的任务是猜测讲话者的意思，按照特定的格式进行，有点像"20个问题"的游戏。作为倾听者，问问你自己："描述那个人的那个词语可能是什么意思？"只提出答案为"是的"或"不是"的封闭式问题，具体可以这样问："你的意思是不是说你＿＿＿＿？"讲话者**只能**用"是的"或"不是"回答，不要进一步详细解释。听起来就像这样：

讲话者：关于我，你们应该知道的一点是，我不遵

第7章 不停提问

循传统。

倾听者1：你的意思是不是说你家里没有传统？

讲话者：不是。

倾听者2：你的意思是不是说你的行为往往无法预测？

讲话者：（停顿）不是。

倾听者3：你的意思是不是说你喜欢走自己的路？

讲话者：是的。

倾听者2：你的意思是不是说你不喜欢别人告诉你该做什么？

讲话者：是的。

倾听者1：你的意思是不是说你希望独立自主，没有人依赖你？

讲话者：不是。

就像这样，提出一些封闭式问题，直到你能很好地理解讲话者的意思，或者直到你放弃为止。然后给讲话者一点时间，让他来说明自己究竟是什么意思，以及不是什么意思。然后换另一个人担任讲话者。如果有两个或两个以上的倾听者轮流提出问题，这项练习会更容易进行。

同理倾听

在这项练习中,我们往往会产生不少深刻的认识。首先,看似准确的猜测往往是错误的。表面上显而易见的含义,也可能跟讲话者的意思完全不同。限制倾听者只能提出封闭式问题可能会令他们感到沮丧。这就像"20个问题"的游戏中的挑战。讲话者也经常因为被限制只能用"是的"或"不是"来回答而感到挫败,希望能多说一点以便得到理解。讲话者往往试图通过说"是的"或"不是"的方式,尤其是通过语音的变化,来传达更多信息。好消息是,在第8章中你将摆脱这些限制。

第8章

形成反馈

倾听不仅仅是保持沉默,尽管如此,这也超出了我们大部分人的能力范围,它意味着要对别人告诉我们的事情抱有强烈的、有人情味的兴趣。你可以像一堵空白的墙那样倾听,也可以像一座华丽的礼堂那样倾听,在那里回响起来的每一道声音都会更饱满、更丰富。

——爱丽丝·杜尔·米勒

这一章放在本书的中间位置很合适,因为现在我们正要进入问题的核心,即掌握反馈式倾听陈述这种基本的技巧。同理理解包含的不止这些,但反馈式倾听是一条坚实的道路,会引导你朝正确的方向前进。你可以不断磨炼这种技巧,这会帮助你成为一个更有同理心的人。这是一条通往**存在**的**行动**之路。

同理倾听

反馈式倾听[1]需要具备前文讨论过的技巧，即避免路障（第5章）和保持专注（第6章），这本身就已经颇具挑战性。卡尔·罗杰斯指出："显然，对大多数人来说，认真关注另一个人是一项艰巨的任务。他们往往会思考等讲话者停下来时自己要说什么。他们也会把注意力集中在讲话者提出的某个具体的观点上，却忽略关注其余部分，因为他们一直在思考反驳那个具体观点的论据。"[2]

那么，到底什么是反馈式倾听呢？就像在第7章中提出的问题"你的意思是不是说……"，我们通过反馈来猜测讲话者是什么意思。然而，一个好的反馈并不是提一个问题，而是表达一个**陈述**。这需要在语言上进行至少两次改变。首先，要删掉任何让它成为疑问句的前置词语："你是否……""你有没有……""它是不是……"，诸如此类。从一个问题"你的意思是不是说你很有天赋？"中删掉"你的意思是不是说"，只留下"你很有天赋？"，这仍然是一个问句。另一项改变是去

---

1. 反馈式倾听是一种具体技巧，我会交替应用这个术语和"同理倾听"。这也是托马斯·戈登所说的"主动倾听"。

2. Rogers, C. R. (1965). *Client-centered therapy*. New York: Houghton-Mifflin.

第8章 形成反馈

掉结尾的问号。在英语和大多数其他欧洲语言中,这两者的区别在于句尾用**降调**而非**升调**。试试看。注意口语中以下两种说法的区别:

你很有天赋?	和	你很有天赋。
你不开心?	和	你不开心。

这在于你如何使用你的语调。

因此,为了把问题变成反馈,可以去掉表示疑问的词语,并在结尾处把声音转为降调,使这句话成为一个陈述句而非一个疑问句。如果你构思反馈式陈述时遇到困难,可以先构思这个问题(你的意思是不是说你……),然后再做出这两项改变。用"你"开头,最后使用降调。优秀的反馈式倾听比这更加复杂,但这样可以让你踏出第一步。

起初,做一个陈述而非提出一个问题,这往往会让人感觉很奇怪。毕竟你知道自己所说的内容只是猜测,所以,难道不应该是提问而非陈述吗?这样会不会曲解别人的话?如果猜错了怎么办?你内心会有一种强烈的欲望,想要在结尾转为升调,使之成为一个问题。相信我，在反馈时使用陈述的形式效果更好，即使一开始你会觉得这样很奇怪。

其中一个原因是，从语言学上来讲，提出问题相当于要求对方给出答案。这会带来一种微妙的压力，仿佛一种微型审问。而陈述句一般不会产生这种效果。例如，假设有人告诉你，她和妈妈之间的谈话令她感到沮丧。请你作为倾听者大声说出下面两句话：

你生你妈妈的气？
你生你妈妈的气。

一切都取决于语调的变化，可以通过很多不同的方式读出这几句话。但你能否感觉到，根据你是提出问题还是进行陈述，讲话者可能出现的反应会存在微妙的区别。问题中隐含的意味往往会使讲话者想收回之前的话，或者至少再考虑一下是否应该这样说。

现在想象一下，你在和一个采取了某种不良行为的少年说话。请你作为倾听者大声说出这两句话：

你不觉得你所做的事情有什么错？
你不觉得你所做的事情有什么错。

第 8 章　形成反馈

你能感受到其中的区别吗？问句似乎暗示这个人**应该**认识到错误，即使这并非你的本意。而陈述句则没有这种言外之意，从而会使对方在做出回应时更诚实，没有那么强的防御心理。陈述句一般听起来更容易让人接受，而问句即使说的是相同的话，也让人觉得是一种评判。

当你做出反馈式倾听**陈述**时会发生什么？一般来说，讲话者会接着讲下去，在同一条道路上继续前进，不用躲避路障。反馈式倾听允许人们不受干扰地表达和探索自己的体验。从这个角度来说，同理理解的艺术是一种奉献——至少你要暂时搁置你自己的"东西"，也就是指第 5 章中讨论的意见、评判和建议等这些路障。你的注意力会完全集中于倾听和理解这位讲话者的内在体验。正如我之前所说的，有幸作为倾听者拜访另一个人的内心世界，也会为你自己带来好处。当你去别人家里拜访时，没必要重新布置家具，只要坐下来倾听就好。

但如果你猜错了，会发生什么？对反馈这种技巧来说，猜错了也不会受到惩罚。人们会告诉你他们**实际上**是什么意思。因此，随着时间的推移，你会更擅长猜测，因为你每次给出反馈，都会立即得到对方的回应。

下面展示了倾听者彻底投入反馈式倾听时，对话会

同理倾听

如何发展。开头与第 7 章中的对话一样。

讲话者（S）：关于我，你们应该知道的一点是，我不遵循传统。

倾听者（L）：你家里没有任何传统。(错误的猜测)

S：不，事实上我们是有的。我不是这个意思。我只是不喜欢做别人想让我做的事情。

L：这与期待有关，与别人想让你做什么有关。

S：对！我的意思是，我为什么一定要成为别人期待的样子？

L：这对你来说毫无意义，只是取悦别人。

S：是的。我想做自己。不过，有时候人们对我抱有期待是合理的。

L：期待是你能接受的。

S：当然。如果对彼此不抱期待，你不会开始一段固定的关系。这是合理的。我想工作中也一样。

L：当你爱上一个人或者为别人工作时，他们对你抱有一定的期待是合理的。

S：是的。我宁愿为自己工作，但要面对现实。

L：所以这有点像是一种平衡，做自己，以及和对

第8章 形成反馈

你抱有合理期待的人相处。

S：平衡，没错。我的意思是，我想我不喜欢对别人负责，但就像他们说的，没有人是一座孤岛。

如果倾听者能投入时间给出良好的反馈，而不是依赖于提出问题，谈话会进行得更远、更快、更深入！因为讲话者和倾听者步调一致，对话会变得更加流畅。在这次谈话中，讲话者很可能也会深入思考并更好地理解自己的意思和体验。

这段谈话还有另外一些值得注意的地方。倾听者给出的反馈不会打断讲话者的讲话或转移话题，倾听者也不仅仅是机械地重复讲话者所说的话。反馈推进谈话向前发展，而又不会过于跳跃。我把这种形式的反馈称为"延伸段落"。倾听者不是重复讲话者刚说的话，而说的可能是段落中**下一句**要说的话。在上面的谈话中，倾听者第一次猜错之后，只要换几个代词就能把内容改为讲话者所说的一个独立的段落。以这种巧妙的方式进行反馈式倾听，可以使谈话进行得更快、更流畅。

同理倾听

试试看！

下面是练习反馈式倾听艺术的下一步。整体安排和参加人员可以参照第 7 章中的练习，但这一次有很重要的区别。与之前一样，讲话者说"关于我，你们应该知道的一点是，我_____"，以一个形容词结尾留下开放的解释空间。但这一次，倾听者将给出反馈而非提出问题。如果你作为倾听者感觉思路卡壳，先想出一个"你的意思是不是说……"的问题，然后删除表示疑问的词语，用"你"开头，结尾处使用降调，使之成为一个陈述句。慢慢来，要有耐心，要花一段时间才能习惯以这种方式思考。

顺便说一下，讲话者现在可以自由地做出任何自然的反应。如果你是讲话者，不要只回答"是"或"不是"，多说一说你的意思。如果倾听者向你提出一个问题（即使仅仅体现在结尾使用升调），不要给出回答。等它转化为一个反馈式倾听陈述再回答。

这会使倾听者面临更大的挑战，要记住和反馈的不仅仅是讲话者最初的陈述，也包括每次反馈后出现的新

第8章 形成反馈

信息。你明白了吗？本章前面的例子表现了这种交流是怎样进行的，但没有人知道你们自己的对话会朝哪个方向发展。给出反馈，直到你感到满意，认为自己完全理解了讲话者的意思，然后双方交换角色。

下面是人们进行这项练习时经常会出现的一些体验。首先，反馈很难！提出问题要容易得多。倾听者也会思考他们说过的所有内容，而不仅仅是反馈（其中很多属于路障）。讲话者往往很喜欢这项练习。毕竟，平时一个月里能有几次谈话使倾听者集中全部的注意力仔细理解你的意思？有时，甚至讲话者也会对谈话的走向感到惊讶，发现一些自己最初并未觉察到的意思。

第9章

进一步深入

说真话需要两个人——其中一个人说,另一个人听。

——亨利·大卫·梭罗

有个很经典的笑话:街上一个迷路的外地人走到一个纽约人面前,问道:"我怎么才能去卡内基音乐厅?"纽约人回答:"练习,练习,练习!"

精准同理心也是这样。你越努力培养倾听的心态、练习反馈式倾听的技巧,做起来就越自然。有利于学习的一点是,每当你给出一个反馈,对方会立即告诉你准确性如何。无论基本回答是"是"还是"否",你都能进一步了解那个人真正的意思。随着时间的推移,你会越来越善于猜测,也能够更熟练地针对对方的意思给出反馈。有时,当我给出反馈时,对方会问我:"你是怎

同理倾听

么知道的?"答案是:"练习,练习,练习。"

正如第 8 章中所介绍的,巧妙的反馈式倾听不仅仅是重复你听到的内容。单纯重复一个人所说的话(有时称为**简单反馈**)听起来很奇怪,而且通常起不到什么效果。

讲话者(S):我今天过得很糟。
倾听者(L):你今天过得很糟。
S:好像一切都不顺利。
L:听起来很糟。
S:是的。
L:你觉得诸事不顺。
S:没错。

这听起来不像是一次正常的对话,倾听者也无法对讲话者这一天的情况有进一步的了解。这里的问题在于,倾听者与讲话者使用的词语**过于接近**。

更巧妙的反馈会冒一点小风险,猜测讲话者可能没有完全说出口的意思。这样确实很像把段落延伸下去,

第9章 进一步深入

猜测下一句话可能是什么。讲话者说"我今天过得很糟"**可能**是什么意思?也许意味着:

- 我和某人发生了冲突。
- 我经历了一些不愉快的事。
- 我工作很忙。
- 我真的很累。
- 我感到悲伤(或者气馁、愤怒)。

反馈式倾听是基于你到目前为止看到、听到和知道的事情做出猜测(有时称为**复杂反馈**)。你最初的猜测是对是错并不重要,无论是哪种结果,你都会了解到更多信息。

讲话者(S):我今天过得很糟。

倾听者(L):你看起来确实很累。

S:是的。今天好像一切都不顺利。

L:听起来不仅仅是因为一件事。

S:嗯,主要是我跟我老板谈工作的事情,他又开始批评我,我告诉他这不公平,从那一刻开始一切都变得越来越糟。

L：你担心你的工作。

S：其实不是的。我不认为他会解雇我，但我厌倦了他总是挑我的毛病。

L：比如他会故意刁难你。

S：哦，我不知道。最近他对每个人都很严厉。

L：你不喜欢的就是这一点。

S：我只是不再期待去上班了。

L：你曾经很喜欢你的工作，但现在有点厌烦了。

S：事实上，我仍然喜欢我所做的事情，而且我认为我做得很棒。只是我觉得自己得不到赏识。

在这个例子中，倾听者的每一个反馈都属于反馈式倾听陈述。每个人都猜测讲话者可能要表达的意思。注意谈话是怎样向前推进的，几乎就像一个单独的段落，即使猜测是错误的。

好的反馈会推动故事发展。不要只是重复别人刚才所说的话，要把这个故事向前推进。在某种程度上，这就是谈话能顺利进行下去的原因：你在帮助讲话者继续讲故事，而不只是随声附和或设置路障。在上面的例子

第9章 进一步深入

中，有几次反馈，倾听者的猜测并不完全正确，但他们很快就重新调整了思路，让故事继续进行。

反馈式倾听需要练习才能让你感到舒适自然，而且它有着充分的理由让你坚持学习。反馈式倾听传递尊重，有助于防止误解，还可以提升人际关系。还记得第3章中四个方框的图吗？倾听者不是假设自己的诠释（方框D）是正确的，而是核实讲话者的意思（方框A），反馈式倾听使沟通形成闭环，倾听者的理解逐渐变得准确，能更好地把握讲话者内心真正的意思和体验。

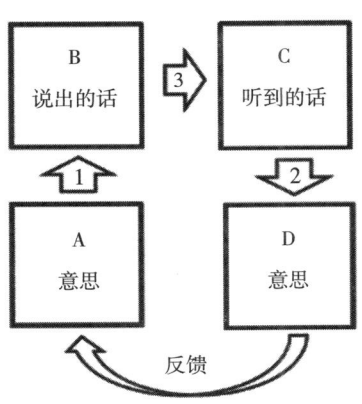

同理倾听

通过分享别人的生活体验,精准同理心还会拓宽你自己的视野。这是在家庭和友谊中加深理解和信任的基础。这种深入的倾听确实是一份礼物,是一份很多人渴望拥有的礼物。

精准同理心和反馈式倾听

这里适于澄清反馈式倾听和精准同理心之间的区别。本书中描述的反馈式倾听属于一种特定实践,是一种可学习的技巧,用以增强你对他人的意思的理解。这是你的**行为方式**。同理理解或精准同理心更像是一种随时间出现的**存在方式**,包括第 4 章中描述的基本态度。通过花时间深入倾听和理解人们愿意与你分享的不同层次的含义和感受,你会对他们产生精准同理心。它能敏感地超越表面的关系,实现理解甚至更亲密的关系。同理理解是以接纳、慈悲的心态与人们相处的存在方式,需要敞开心扉。[1] 反馈式倾听是一种培养同理理解的特定实践。

反馈可以和问题交织在一起,这种情况经常出现,

---

1. Rogers, C. R. (1980). *A way of being.* Boston: Houghton Mifflin.

第9章 进一步深入

因为人们往往觉得提问比同理倾听要容易得多，挑战就在于不要提出太多问题，而是更多地依靠反馈。记住，在陈述句的结尾处使用升调会把它变成一个问题。试着提出一个开放式问题（见第7章），然后在你倾听那个人的回答时至少给出两个反馈。

微调：选择你的用词

轻描淡写和夸大其词

在你给出反馈式倾听陈述时，同时也是针对具体使用的词语做出选择。措辞反映了讲话者所说内容的**强度**，有可能轻描淡写，也有可能夸大其词。某些词语意味着强度较低：

- 这对你来说**有点**不公平。
- 你对此**略有**不安。
- 你**有几分**怀疑他是否跟你说了实话。
- 你对即将发生的事情**稍微有一点**紧张。

在反馈中使用另一些词语会起到夸大的作用：

同理倾听

- 你对此**非常**肯定。
- 最近你的生活**很**混乱。
- 你**真的**感到怀疑。
- 这**绝对**是行不通的。

反馈的强度也和你使用的特定名词、动词或形容词有关。以关于愤怒的措辞为例，有表示轻微愤怒的词语，比如**不爽**或**气恼**；有表示中等愤怒程度的词语，比如**恼怒**和**愤怒**；有表示极其愤怒的词语，比如**震怒**、**激怒**、**狂怒**和**勃然大怒**。可以想象，选择哪个词语是非常重要的。如果你夸大一种感受，讲话者更有可能去回避它。

讲话者（S）：我真不敢相信我的老板这么不公平。
倾听者（L）：你对此感到**震怒**。
S：不，不至于震怒。我对这件事其实没那么生气。

另一方面，轻描淡写更有可能鼓励对方继续表达。

S：我真不敢相信我的老板能这么不公平。
L：你对此感到**有点气恼**。

第9章 进一步深入

S：气恼？我真的感到愤怒！这种情况已经持续太久了。

一般来说，如果你希望对方继续说下去，就尽量用轻描淡写的词语。

类比

另一种巧妙表示理解的方法是类比。将对方的体验与某种**相似**的事物进行比较，这样的类比属于**明喻**，包含诸如"就像""好像"之类的词语，表示你正在建立连接或进行比较：

你感觉就像墙壁朝你压来。
就好像你突然看到一线光明。

如果使用与对方自身的体验有关的类比，这样做尤其有效。来自农场的人能理解"像风向标一样被吹来吹去"是什么意思，而对于一个从未见过风向标的城里人来说，这个比喻可能令人迷惑不解。

同理倾听

讲话者：我感到很困惑。当我在父母身边时，我就是本身那个样子；而当我和朋友在一起时，我会趋向于随大流。我希望人们喜欢我、接受我，但我不知道我究竟是谁。

倾听者：你有点像是风向标，风往哪边吹就往哪边转。

有一次，我听一位来自交响乐团的音乐家说，他感到孤独和空虚。我说："就像空旷的音乐厅里响起长笛的声音。""是的，没错！"他回答说，潸然泪下。

语气

最后，关键不仅在于你说了什么，也在于你是怎么说的。这是语言的音乐，同样的词语可能传达出完全不同的意思。就像第 8 章所讨论的，不同的语调会决定陈述和问题的区别：

你生你妈妈的气。（温和）
你生你妈妈的气？（怀疑）

第9章 进一步深入

在语气中也要考虑重音的位置:

你害怕他。
你**害怕**他!
你害怕**他**?

讽刺、猜疑或怀疑很容易悄悄渗入语气中,即使是无意识的,人们也很容易听到这种暗示。你能否以不同的方式说出下面这句话,来传达(1)同情、(2)不信任、(3)讽刺或(4)厌恶? 尝试一下!

"所以这不是你的错。你真的与这件事毫无关系。"

强度、类比、语气这几方面都很微妙,有意识地关注这些其实反而会使你无法专心倾听。能帮助你坚持正确路线的是隐藏在倾听下面的心态和心境(见第4章)。当你知道自己是在进行猜测时,你做出的反馈式倾听陈述就仍然带有一种试探性的语气,完全不同于你坚持自己的诠释是正确的那种语气。如果你倾听时抱有好奇心、同情心、耐心和真心想要理解的愿望,你就不太可能会偏离正确的路线。

同理倾听

试试看！

下一步是针对信任和依赖反馈进行一些练习。这有点像学习乐器时练习音阶。持续练习有助于使一项技巧使用起来更自然。找个愿意花 5~10 分钟和你谈论对你个人有意义的话题的搭档一起合作，并且他也愿意在你练习反馈式倾听时耐心地和你一起练习。下面是讲话者可选的一些主题：

- 分别描述你的父母，以及你在成长过程中与他们的关系。
- 解释你怎样对现在所做的工作产生兴趣并投入其中。
- 谈谈你很喜欢的一个人，这个人对你的生活产生了非常重要的影响。这个人是什么样的人，他对你产生了怎样积极的影响？

如果你是讲话者，要经常停下来让倾听者有机会练习反馈。倾听者可能需要一段时间才能形成良好的反馈，所以不要一直说个不停，要耐心地保持沉默，给倾听者一些时间和空间来做出反馈。

如果你是倾听者，你可能会忍不住提出问题。试着把提问改为反馈式倾听陈述。你可以时不时提出一个开

第9章 进一步深入

放式问题,但每问出一个问题,至少要做出两个反馈。如果是三个人一起练习,其中一个人可以作为观察者统计问题和反馈的数量。等到故事基本讲完,倾听者理解了讲话者的体验后,如果你们愿意的话可以交换角色。这种谈话应该如下面这样展开:

倾听者(L):那么你想谈些什么?

讲话者(S):我想给你讲讲一个真正影响了我的人。他的名字叫乔治。

L:他以前是个对你很重要的人。(一个反馈,抵制提出问题的诱惑)

S:他现在仍然是。他是一位真正信任我的老师。

L:他在你身上看到了一些东西。(反馈)

S:没错!他尊重我,而且很有幽默感。

L:你怎么知道他尊重你?(开放式问题)

S:我想是因为他跟我说话的方式。他从不用高人一等的口气跟我说话,而且他对我的想法很感兴趣。

L:更像一位朋友。(反馈)

S:当然,他很友好,但不像哥们儿那样。我知道他能教给我很多东西。

同理倾听

L：你也尊重他。（反馈）

S：当然。我真不敢相信他会额外花这么多课余时间和我聊天，我想，在他办公室里聊天就像在课堂上一样让我学到了很多东西，也许更多。

L：他认为值得跟你交谈。（反馈）

S：我也有这种感觉。他没必要关心我，但他确实这样做了。他把时间花在我身上，他不只是希望我记住他在课堂上说的话，原封不动地复述，他希望我自己思考，而且对我的想法很感兴趣。

L：那会对你产生怎样的影响？（开放式问题，但可以通过反馈的形式进行猜测）

S：我猜他让我觉得自己很聪明，感觉自己可以做出一定贡献，而不仅仅是一个接收的容器。

这只是个开始，但它说明了开放式问题和反馈怎样帮助谈话顺畅地进行下去。倾听者每提出一个问题，都可能是一个反馈，当然，倾听者也可能只是在提问而不是做出反馈。要练习提出反馈式倾听陈述而不要提问，即使你很可能觉得提出问题更轻松。

第10章

肯 定

坚持好的东西,即使是一把土。

——普韦布洛人的祝福

本章介绍了另一种有助于建立和提升人际关系的实践。那就是养成看到和肯定别人优点的习惯。

要确认优点是什么,首先需要**注意**到优点。负面事物有一种奇怪的吸引力。如果我在一个辅导班或研讨会上收到100份评估表,往往绝大多数都是比较积极的,但总会有一些人认为这段经历没什么帮助,并指出错误和可以改进的地方。我仍然喜欢迅速浏览诸多正面的评价,然后仔细思考那些负面意见。进行辅导时也存在类似的趋势,把注意力集中在学习者需要改进的错误上,反而忽略了所有他们表现好的方面。甚至连晚间新闻也总是盯着大自然和人性的阴暗面。

消除这种负面偏见的一种方法是，养成关注和欣赏优点的习惯，有意识地、认真谨慎地捕捉人们做得好的地方。肯定可以是认可和评价某个人的长处、努力、朝着正确方向前进的脚步，或者良好的意图。不一定是多么崇高伟大的事情，但必须是真实的，而不是捏造的或夸张的。在不同的文化中，恰如其分的做法各不相同，但大多数人都渴望得到肯定，因为我们很多人恰恰吝于肯定别人。肯定也可以是：

· 表达良好的祝愿（我希望这个周末你过得愉快！）
· 欣赏或喜爱（你是个很好的朋友。）
· 感谢（谢谢你能听我说！）

肯定别人的优点是一种体贴的习惯——关注、记住和承认我们周围的积极因素。

肯定他人也会减少消极和防御心理。习惯性地对别人抱有批判的态度，往往是在掩饰焦虑以及对自己的痛苦的怀疑。如果别人注意到并评价你做得好的方面，你就不必那么戒备。肯定他人的长处、努力、善意和共同之处也有助于避免或解决冲突（见第15章）。

第10章 肯定

试试看！

每天都会有无数小小的机会可以去肯定、关注和欣赏别人所做的事情。肯定就像在你的人际关系银行里存入一小笔存款。一般来说，肯定表达了你对他人的幸福的关注和同情。专门选一天时间，留意那些曾经可能被你忽视的机会，关注和肯定别人的美德、努力、行动和优势。明天就很合适，去体验我们身边美好的事物并表达真心诚意的感谢。你甚至可以偷偷记下那一天你对哪些事物表示了肯定。这是一种特殊的倾听方式，可以注意那些原本可能被忽视的优点。

关注美好事物的另一种方法是，对你特别钦佩的人或者在你的生活中起到积极作用的人表达肯定。可以通过谈话或文字来表达，对方也可以是你一段时间没见过的人。记得提及令你欣赏的具体事例。

第11章

表达自我

如果人们不再表达自我,他们会一个接一个死去。[1]

——劳丽·黑斯·安德森

良好的倾听会变成一件单向的事情。如果你进行高质量的反馈式倾听,人们会乐意与你交谈,但可能不会反过来倾听你说的话。事实上,你可以隐藏在良好倾听的背后,不必透露太多关于自己的信息,其他人可能也会乐见其成。然而,亲密关系应该包含双向沟通,每一方都有机会理解对方,同时也得到对方的理解。这意味着不仅要倾听,还要表达自己的意见,让外界了解你自己。本章给出三种可以用来表达自我的简单方法。

---

1. 引自《不再沉默》(*Speak*)。

同理倾听

"我"所传递的信息

沟通中一项基本的实践就是"我所传递的信息",在表达感受时尤其有用。这意味着对你自己的反应负责,而非责备别人。例如,如果你感到愤怒或受伤,第一反应就是忍不住用"你"字开头来指责对方:

· 你只考虑你自己。

· 你伤害了我的感情。

· 你不关心我。

· 你没有听我说话!

· 你是_____(空格内填入负面形容词)。

相反,"我所传递的信息"一般用"我"开头:

· 我希望你也能试着从我的角度理解这件事。

· 我感到_____(填入感受:受伤、悲伤、快乐、沮丧、孤独)。

· 我喜欢你这样做_____。

注意,感受和想法之间虽然彼此相关,但存在着重要区别。下列陈述其实并不属于感受:

· 我觉得你很迟钝。(稍加掩饰的关于"你"的陈述)

· 我觉得我们一起做出这样的决定很重要。

第 11 章 表达自我

这里有一项简单的指导原则：在英文中，如果在"觉得（feel）"这个词后面接着"that"这个词，那么它就不是一种感受，更可能是一种想法、观点或信念（虽然可能带有没说出口的感受）。有时人们用"觉得（feel）"这个词来表示强烈的信念。"我觉得我们的团队应该支持这个"，意思是说"我坚信我们的团队应该支持这个，你也应该相信这一点"，也许甚至是在说"如果你不同意我的意见，那你就错了"。虽然"that"这个词有时会省略掉，但如果它的位置跟在"觉得（feel）"这个词的后面，那就不是一种感受。在这个陈述中：

· "我觉得这是应该做的事情。"["I feel (that) this is the right thing to do."]

省略掉的"that"暗示这是一种想法或信念。另一方面，在表达感受时，比如"我感到悲伤"，在中间插入"that"一词则没有任何意义：

· "我感到悲伤。"["I feel (that) sad."]

你能听出其中的区别吗？在自我陈述中，想法和感受都能很好地表达出来，而且两方面都很重要。但不要把它们混为一谈，不要把想法或信念伪装成一种感受，这一点很关键。

同理倾听

托马斯·戈登在这方面做出了贡献，他进一步建议如何用自我陈述请求对方做出改变。这种自我陈述包括三个部分：（1）感受、（2）这种感受的原因或背景、（3）具体请求。例如：

·我感到孤独（1），你似乎没有听我说话（2）。能否请你在回答之前确保你理解了我的感受（3）？

·我感到担心（1），你把玩具就这样扔在楼梯上，可能有人会因此绊倒而受伤（2）。我希望你能把它们捡起来，不要把玩具扔在楼梯上，好吗（3）？

·我感到沮丧（1），我只希望有人能听我说话，可你却开始提出解决方案（2）。有时候我只希望你能够倾听和理解（3）。

承担部分责任和提供帮助

在适当时就承担部分责任来进行沟通，并主动承担起你自己的那部分责任，这会为你的人际关系带来帮助。哪一块拼图是你的？

·如果到了出发时间你还没准备好，我会感到焦虑。我知道有时候我太担心是否能早点到达目的地，就会在周围转来转

第 11 章　表达自我

去（承担部分责任）。我怎样做才能让你更清楚我打算什么时候出发（提供帮助）？

·我不喜欢快到出发时间时，你一直催我做准备。我知道我不像你那么关注准时的问题，有时我们会迟到（承担部分责任）。如果你能提前一个小时告诉我你打算什么时候出发（提出改变的具体请求），我会尽力做好出发的准备（提供帮助）。

坚持自我

在大多数人际关系中，都有一个平衡需要的过程。无论是个人、群体，还是国家之间的关系，人们会选择怎样坚持自己的需要。一个极端是侵略式行为，以牺牲他人为代价满足自己的需要，暗示"我的需要比你的更重要"。体现这种行为的词语包括强制、霸凌、支配、强迫和恐吓。

另一个极端是屈服式行为，以牺牲自己为代价满足对方的需要和愿望。体现这种行为的词语包括温顺、服从、默认、屈从和听话。当然，自我牺牲可能属于自愿选择，甚至在特定情况下也是令人钦佩的，但随着时间的推移，如果始终只有一方的需要得到满足，这会成为一段令人烦恼的关系。

在这两个极端之间的中间地带就是坚持自我，在尊重和关心他人的需要以及你自己的需要之间实现适当的平衡。[1] 这是一种妥协和谈判的艺术。坚持自我的人不会始终固执己见、一意孤行，也不会一直牺牲自己的幸福。他们拒绝控制别人，也拒绝被别人控制。下面几个例子体现了分别选择（1）侵略式行为、（2）屈服式行为、（3）坚持自我。

事例一：亚历克斯受邀参加一次酒水免费的社交聚会。他想在回家前喝两杯。他的妻子没有去，也不希望他酒后驾车。那该怎么办？

1. 亚历克斯喝了几杯酒，然后开车回家，不顾酒后驾车可能为自己和他人带来的伤害。

2. 亚历克斯放弃了免费饮品，清醒地开车回家。

---

1. Aliberti, R., & Emmons, M. (2017). *Your perfect right: Assertiveness and quality in your life and relationships.* Oakland, CA: Impact Publishers.

Jakubowski, P., & Lange, A. J. (1978). *The assertive option: Your rights and responsibilities.* Champaign, IL: Research Press.

第11章 表达自我

3. 亚历克斯喝了一杯，然后等了一个小时再开车，这样他血液中的酒精含量基本为零。

事例二：亚历克斯和艾弗里一起去参加一次聚会。艾弗里是个比较内向的人，在社交场合很快会感到厌倦，不想待太久。但亚历克斯喜欢社交，想一直待到聚会结束。

1. 艾弗里想离开，但亚历克斯拿着车钥匙，坚持要留下来。

2. 亚历克斯很不满地同意早点离开，回家后对艾弗里抱怨。

3. 他们开两辆车去参加聚会或者分别安排交通工具。

坚持自我背后的一项基本假设是"你的需要和愿望值得重视，我的也一样"。我重要，你也重要。坚持自我的做法不是胜负之争，而是寻求双赢，使双方的利益都能得到尊重和满足。坚持自我（而非屈服）也是非暴力抵抗的本质。[1]

---

1. Wink, Walter. (2003). *Jesus and nonviolence: A third way.* Minneapolis: Fortress Press.

同理倾听

试试看！

回忆一个别人令你感到不满或沮丧的事件。很容易想出用"你"字开头的指责性陈述，怎样才能转变成自我陈述？"当你_____（具体行为）时，我感到_____（感受）。"要记住"that"这个词不要接在"觉得（feel）"的后面。如果这里适合做一份承担部分责任的陈述，会是什么样子？也许你也可以提出一项具体的非指责性的请求让对方做出改变。

或者回忆一下现实生活中的状况，你自己的需要与别人的需要和偏好有时平衡，有时冲突。很容易想出一输一赢的做法，但在这种情况下往往会对人际关系造成真正的伤害。有什么可能的结果使你们实现"双赢"，双方至少都有一部分需要可以得到满足？

第12章

在人际关系中善于倾听

在你们共同的世界中留一些空间，
让天空的风在你们之间起舞。
彼此相爱，但不要让爱成为束缚，
让爱成为奔流在你们灵魂海岸之间的海洋。
斟满彼此的杯盏，但不要只饮一杯。[1]

——纪伯伦

　　人际关系依赖于沟通，滋养着我们的生活。无论是个体之间还是群体之间，关系必然都包含差异。各方的设想、特质和偏好都有所不同，在人际关系中具有不同的优势和能力。至少在亲密关系中，差异是令双方相互吸引的化学反应，双方都会提供一些对方渴望或缺少

---
1. 引自《先知》(*The Prophet*)。

的东西。然而，人们往往禁不住想要按照自己的形象改造对方，如果成功实现这种想法，反而会破坏原本产生吸引力的基础！同样，旅游的魅力之一就是体验不同的地理、设想、建筑和生活方式等，如果把目的地"改造"，完全复制成这个人熟悉的环境，这种魅力就会消失。

理解和重视差异

每个人或每个群体都会在人际关系中加入一些假设，可能不会宣之于口，也可能像书面合同或宗旨一样正式。我们为什么在一起？我们交往的目的是什么？我们共同的希望和作为个体的希望是什么？

第4章描述了一些构成同理理解基础的心态和心境。同样，也是这些元素为相互关系奠定了坚实的基础：愿意站在对方的立场上看待世界，不再以自我为中心，尊重且接受对方呈现的样貌，并希望他们能够幸福。当然，并非所有的人际关系都基于相互关系，有些是基于虐待和剥削，有些只是因为人们在共同的环境或

第 12 章 在人际关系中善于倾听

冲突中被动地聚在一起。我在这里描写的人际关系属于双方认可的相互关系，对于彼此的幸福持有慈悲之心并有所承诺。这不一定属于亲密关系。例如，在市场营销中把重点从单纯的销售转向发展长期客户，使对方的需要得到很好的满足。这样的相互关系可以出现在朋友、同学和同事之间，甚至国家之间以及组织和集会内部。

相互关系中一项基本假设是，理解彼此的体验和观点十分重要。这需要人们愿意走出自身观念的局限。理解他人的观点不仅在人际关系中很重要，其更大的社会价值也在组织活动中得到认可，如欣赏式探询[1]以及变革型领导。[2]

相互关系的第二项假设是，要尊重和重视差异。卡尔·荣格描述了各种"心理类型"，即人与人之间相区别的具体方式。[3] 我们最熟悉的荣格维度是内向与外向。

---

1. Cooperrider, D. L., & Whitney, D. (2005). *Appreciative inquiry: A positive revolution in change.* San Francisco: Berrett-Koehler.

2. Bass, B. M., & Riggio, R. E. (2014). *Transformational leadership (2nd ed.). New York: Routledge.*

3. Jung, C. G. (1976). *Psychological types*. In *The collected works of C. G. Jung* (Vol. 6), ed. G. Adler & R. F. C. Hull. Princeton, NJ: Princeton/Bollingen.

同理倾听

两种都属于正常的心理类型，只是特征有所区别。麦布二式人格类型量表（MBTI）[1]是第二次世界大战之后开发的一种调解工具，将四种维度排列组合。与许多心理学工具不同的是，这种工具不会给出负面信息。它的基本前提是，所有类型的人都同样是有价值的，只是优势和偏好存在区别，理解这些正常的区别（而非争执哪种人格类型是正确的或最好的）是沟通和人际关系中的关键。[2]其他一些系统，比如九型人格学（Enneagram）[3]也同样描述了存在区别又彼此互补的心理类型。

相互关系的第三个方面是合作，即心怀善意，为了共同的目标一起努力。相互关系不是单方面的，而是互惠互利的，让每一方的需要都得到满足。对于相互关系的所有三个方面——理解对方的观点、尊重差异以及合作来说，善于倾听都是一项至关重要的技巧。

---

1. Myers, I. B., & Myers, P. B. (1995). *Gifts differing: Understanding personality type.* Mountain View, CA: Davies-Black.

2. Kiersey, D., & Bates, M. (1984). *Please understand me: Character and temperament types* (5th ed.). Green Valley Lake, CA: Prometheus Nemesis.

3. Berghoef, K., & Bell, M. (2017). *The modern Enneagram: Discover who you are and who you can be.* Berkeley, CA: Althea Press.

第 12 章　在人际关系中善于倾听

反馈式倾听与谈话有何区别？

在一次谈话或讨论中，人们会轮流提出自己的观点。而**纯粹**的反馈式倾听不会这样做，它唯一的目的在于理解另一个人的意思和体验。学习同理倾听的技巧时，你会根据自身经历想到很多自己平时会说或会问的事情，但在这个过程中，你要体会**另一个人**的意思和体验，并给出反馈。如果你能做到这一点，要比一直提出问题或陈述自己的观点能学到更多的东西，往往也学得更快。

一旦你学会巧妙自然地应用反馈式倾听，它就会成为你日常谈话中的一部分。在表达自己的观点之前，你需要花时间好好倾听，确保自己理解了对方的意思。然后，在正常谈话中，你可以交替进行反馈式倾听和自我表达。在理想的情况下，对方也能好好地倾听你讲话，双方可以轮流表达和倾听。

用这种特殊的倾听方式获得技巧和舒适感，只依靠或主要依靠反馈而非提问，是一种很有用的练习方法。本章结尾的"试试看！"为你提供了一个练习机会，但生活中也有很多练习机会，即使对方并不知道你正在练习。也许只花一两分钟的时间，也有可能花费的时间更久。你不必解释自己正在做什么，也许不明说反而更好，只要你自己有所意识。每次做出反馈式倾听陈述之后，你会认识到自己的反馈有多准确，也会进一步了解对方是什么意思。随着时间的推移，你会越来越善于做出反馈。

不要提出太多的问题。问题一般都可以转化为反馈。如前所述，如果你问了一个问题，在对方回答后至少要给出两个反馈。同时也要抵制诱惑，不要设置任何其他的路障（见第 5 章）。看看当你依靠反馈式倾听时会发生什么。跟你谈话的人会变成你的老师，无论他们自己是否意识到这一点。

第 12 章 在人际关系中善于倾听

试试看！

下面是两个人练习倾听技巧的一种方法。你们轮流作为讲话者，每个人有大约 7~10 分钟时间。在你作为讲话者时，谈谈令你左右为难、还没有真正下定决心的事情。你感到矛盾，对两个方向举棋不定。矛盾心理属于人类的天性，所以不难找到话题。它可以是任何事情：选择或决定、工作、宗教或社会问题、政治家、人际关系、请求、风险、住在哪里、如何打发时间、升迁或裁员、捐赠或者可能购买的物品。

倾听者的任务很重。首先，为了确认话题，要了解对方对什么左右为难，然后尽可能依靠反馈式倾听。在倾听的过程中，你最多可以问**两个**问题，不能超过这个数量。再次提醒，问题一般都可以转化为反馈。不要一下子连续提出两个问题！在你提出一个问题后，先做出反馈。也要避免提出引导性的问题，比如"但你难道不认为……"。这项练习颇具挑战性，但有助于让人们认识到不提出问题、只依靠反馈式倾听有多大的可能性。对于讲话者的矛盾心理要置身事外，不要偏袒其中任何

同理倾听

一方,也不需要帮助讲话者得出结论或答案。你唯一的目标是不带评判地倾听和理解那种矛盾心理。

下面这个简短的例子可以说明这种交流是怎样进行的。这个话题在美国和其他国家的政坛上引起了激烈的争论。倾听者要专注于理解讲话者左右为难的两方面,不偏袒任何一方或加入个人观点。这进一步说明了纯粹的反馈式倾听与双方都在表达自己观点的讨论或辩论有多大区别。

讲话者(S):我想我对堕胎有两种看法。在大多数情况下,我站在反堕胎的一方,我认为所有的生命都是神圣的。

倾听者(L):人类的生命。

S:不仅仅是人类。我不喜欢动物收容所杀死无家可归的狗和猫,或者牺牲实验动物。我的意思是,我不是素食主义者,在这方面我的想法和他们并不完全一致,但生命还是有其神圣之处。

L:你说你大体上是这么想的。

S:对。毕竟,我们以什么身份决定谁生谁死?同时,考虑到现实情况,我以什么身份替一个女人做决

第12章 在人际关系中善于倾听

定？如果一个女人被强奸了，我觉得强迫她把孩子生下来是不对的。我不知道你会怎么做。

L：所以在某种意义上，你尊重生命，也尊重选择。

S：很疯狂，不是吗？我的意思是，对于这样重要的事情，你不应该持观望态度。我们讨论的是生命，把胎儿当成一个真正的人。

L：你是怎么想的？（第一个问题，也可以用反馈来代替）

S：嗯，在某个地方划一条界线感觉太随意了，就好像在这个年龄之前它不是一个生命，而在那之后就是一个生命了。

L：你觉得这不是个非黑即白的问题。

S：确实不是。从某种程度上来说，在受孕的那一刻就可能有生命存在了。

L：所以你可能也反对事后避孕，比如紧急避孕药。

S：我不知道！还是那句话，我以什么身份替另一个女人做决定？然后我又想："好吧，那个女人以什么身份替另一个生命做决定？"不管怎么说，谋杀是错误的。我的意思是，我甚至觉得死刑也是残忍的。

L：那就是真正令你感到困惑的地方——避孕或堕

胎就像谋杀。

S：不完全是困惑。感觉我能看到这个问题的**两面**，这一点令我感到苦恼。

L：你是从什么时候开始思考这个问题的？（第二个问题，同样也可以是一个反馈）

S：嗯，我认识的大多数人对这个问题都有明确的意见，要么站在这一方要么站在那一方，我不喜欢讨论这个问题。有人告诉我，除非我坚决反对一切堕胎，否则我就不是个基督徒。

L：他似乎很肯定这一点。

S：就好像他在威胁我："除非你相信我所相信的，否则你就会下地狱。"

L：所以你也开始感到疑惑。

S：不，其实不是的。他有权发表他的意见，就像我也有权表达我的意见。

L：只要你知道那是什么就好了。

S：没错！

除了这两个问题外，倾听者所有的回答都属于反馈，让段落进一步延伸下去。即使没有加入这次交流，

第 12 章 在人际关系中善于倾听

你也可能在对话中的某些时刻强烈希望插入自己的想法,如果是在双方讨论或辩论时,你就很可能会这样做。这里的难点在于暂时搁置自己的想法,把注意力集中在倾听上,从而理解对方的矛盾心理,对于热门话题来说尤其如此。这也是坚持同理倾听的良好练习。

现在来试试看!

第13章

亲密关系中的同理理解

大多数人看待爱的问题时,主要是从被爱的角度而非爱人的角度去看的。

爱主要是给予,而不是索取。

爱是对我们所爱的人或物的生命和成长积极主动的关心。[1]

——艾瑞克·弗洛姆

善于倾听,或者更广泛地说,良好的沟通是维系友谊和亲密关系的重要基础之一。同理倾听表达出对另一个人生活经历的兴趣和关心。前几章中描述的技巧在亲密关系中更加适用。两个人是否意识到对方正在应用这些特殊技巧并不重要。事实上,这属于一种善意的行

---

1. 引自《爱的艺术》(*The Art of Loving*)。

同理倾听

为，在理想情况下，你们两人这样做都是为了对方、为了自己，也为了你们之间的关系。一段关系中的两个人（或所有人）都了解高质量的倾听是什么，一起学习和实践，这是最好的。久而久之，这样的倾听会变成你们的第二天性，你们甚至意识不到自己"做了什么"。这会变成一种相处方式。

好好倾听是对高质量的人际关系进行投资。想一想，同理倾听的技巧是怎样促使人们在相处时形成健康的人际关系的。就像任何有意义的事情一样，良好的倾听需要投入时间。有些人会专门为此留出时间，比如组织一次约会或聚会，主要目的是彼此互相倾听。有些人会在餐桌上与家人交谈，关掉音乐或电视，把手机或其他电子设备设为静音。对于早上最清醒的人来说，也许可以选在早餐桌上进行，但对于晚上状态更好的人来说，这可能不是最佳时间。无论如何，生活越是喧嚣忙碌，在指定时间进行倾听就越重要。

一种简单的做法是轮换进行。每次一个人轮流讲话，可以事先定好时长。这并不意味着其他人必须保持沉默，尽管这也是一种选择。如前所述，反馈式倾听是一个互动的过程，只要有人讲话就可以进行练习。倾听

第 13 章 亲密关系中的同理理解

者应避免设置路障（见第5章），主要目的在于理解讲话者的体验，反馈式倾听陈述和偶尔提问可以帮助你做到这一点。另一种选择是在讲话者说话时不要打断他，然后专门留出时间让倾听者做出回应，描述他们怎样理解另一个人的体验，同样要避免设置路障。

下面是一个例子，倾听者在讲话者说话时想要练习精准同理心。倾听者和讲话者是兄弟，忙完一天的工作后坐在一起。

倾听者（L）：今天过得怎么样？（开放式问题）

讲话者（S）：还行，我觉得。这一天似乎过得很慢。

L：这一天非常悠闲。（简单反馈）

S：其实也不是。今天很忙，但我一直在看表，有时候指针看起来几乎一动不动。

L：就像等着水烧开一样。（类比）

S：是的！我等不及这一天赶紧结束。

L：你看起来很兴奋——好像你在期待什么事情。（反馈）

S：我今晚有个约会。实际上，有点像是相亲。

L：那会很刺激，也令人神经紧张。（反馈）

同理倾听

S：我对她一无所知。我们是在网上认识的，你知道那是怎么回事。

L：人们不一定会说真话，或者全部说真话。（一个猜测，延伸段落的反馈）

S：那是肯定的，但我喜欢她的声音。

L：感觉是个你可能会感兴趣的人。（反馈）

S：是的，我想是的。我猜到时候就知道了。

除了最开始的开放式问题和第一个简单反馈，倾听者所有的回答都属于复杂反馈，猜测他的兄弟是什么意思，让对话继续进行下去。随着反馈变得更容易，它就更像一次流畅的对话。在每个转折点都有设置路障的机会（比如调侃、建议、警告或转移话题），但倾听者坚持纯粹的反馈式倾听。

下面是第3章中提到的那对夫妻的另一个例子，其中一个人在办公楼工作，另一个人（讲话者）基本待在家里。回忆一下当时的情况：讲话者希望晚餐后能与对方一起度过一段温馨的时光，却看到对方明显正准备回去工作，两人都没有把自己的计划告诉对方。在这种情

第 13 章 亲密关系中的同理理解

况下,讲话者希望首先能有人倾听她的想法:

讲话者(S):看起来你正打算回去工作,但在这之前,你是否愿意花几分钟时间和我谈谈?我有话想跟你说,我希望你只是听我说就好。

倾听者(L):哦!听起来不太妙。

S:我想花几分钟时间告诉你我的感受,同时希望你能安静地听我说。然后我希望你能告诉我,你怎么理解我说的话,好吗?

L:好的。所以后面还有个测试。(咧嘴一笑)

S:请听我说。我真的很希望今天晚餐过后我们能一起度过一段美好的时光,聊聊天,也许晚点可以做爱。我怀念过去我们一起散步和聊天的时光("我"传递出信息)。现在,我意识到我没有让你了解到我的感受,我应该在你回家时就告诉你(承担部分责任)。最近我在家里感到很孤独,我整天都盼着你回家。我喜欢我们一起度过的时光,这对我很重要。不一定非要在今晚,虽然那会很美妙,但如果你真的需要去工作,你是否愿意选择另一个晚上度过"只有我们"的时间(具体请求)?在你回答之前,请先告诉我,你怎么理解我的感受?

同理倾听

L：嗯，你最近感到很孤独，你真的很希望我今晚能留在家里陪你？

S：嗯，很好。还有别的吗？

L：不一定要在今晚，但如果今晚不行，你希望我们很快能有其他时间一起相处。我猜你是在告诉我你爱我。（羞涩地咧嘴一笑）

S：是的！你理解正确！

除了他们的决定之外，这个例子体现出怎样先倾听，然后在做出回应之前先总结对方说了什么。倾听者的总结是很好的反馈式倾听陈述（虽然第一个转化成了一个问题）。

同样的方法也适用于轮流讨论一个商定的主题。一方先讲一段时间，另一方倾听，然后倾听者总结自己怎样理解讲话者的意思和体验。讲话者补充倾听者遗漏的任何重要内容，然后交换角色，由倾听者担任讲话者。记住，倾听者的回应只是反馈理解，而非同意或不同意、冒犯或防御。换言之，不要设置路障。

最好不要从困难或敏感的话题开始尝试这种做法，可以选择一些有趣但不会带来负担的内容。在人际关系良好的群体中，另一种常见做法是让双方分别写下他们

第 13 章 亲密关系中的同理理解

的回答,轮流把自己的话读给对方听,然后由对方总结听到的内容。以这种方式倾听与你关系亲密的人讲话时,下面是一些你可能会用到的话题:

· 描述一段你认为我可能难以理解的生活经历。

· 给我讲讲你曾经真正体验到快乐、惊叹或敬畏的经历。

· 你认为在你的成长过程中,谁是你最好的朋友?这个人是什么样的人?是什么让他成为你最好的朋友?

· 告诉我一些你现在或以前认识的人,你认为他们发展得很好。

· 你认为哪三段人生经历对你产生了重要影响,使你成为如今的样子?你从每一段经历中学到了什么?

· 哪三个人以重要的方式帮助你塑造出如今的你?每个人做了什么对你来说尤其重要或有意义的事情?

· 现在是哪三项最重要的价值观在引导你的人生?对你来说最重要的是什么?

理解还是解决问题?

产生误解的一种常见原因是,当一个人描述自己的经历时,另一个人不是倾听,而是开始提供解决方案。

同理倾听

想象一下,一对夫妻带着孩子一起住,其中一方下班回家时发现对方满心沮丧。

你不会相信我今天过的是什么日子!我把要做的事情列出一整张清单,然后学校打电话让我去接梅兰妮,因为她感觉不舒服。我去接她回来,现在她看起来没事了,但我一整天都得照顾她。而且电话一直在响,一直打断我,我一件事都没做完。水槽里仍然堆满了盘子,我甚至没能把衣服洗完。

这个人只是想发泄一下让别人听到,还是最好给她提供一个解决方案?就像这样:

嗯,你看,我很擅长帮助人们把事情安排得井井有条,这是我工作中的一部分任务。让我来看看你的清单,我可以帮你列出优先级。

或者:

好吧,我想你可以把电话关掉。

或者:

也许下次你可以和梅兰妮一起在护士办公室多待几分钟,让护士给她量一下体温,看看她是否开始好转。

第13章 亲密关系中的同理理解

甚至:
好吧,你去洗衣服的时候我会把这些盘子洗好的。

你觉得感到沮丧的那一方接下来会说什么?试着应用反馈式倾听和肯定,比如:

啊!真是令人沮丧的一天。你肯定感到筋疲力尽。
或者:
听起来真令人难以承受!我很抱歉让你度过了这么艰难的一天,我真的很感激你把孩子们照顾得这么好。
或者:
一直像那样被打断,很难完成任何事情。你是怎么搞定这一切的?

另一方面,如果这个人真的在寻求帮助和解决方案,反馈式倾听就不是很适合了。比如有人问你应该走哪条路。假设一位朋友打电话给你,描述他和公寓楼里的人发生冲突,你可能会问:

告诉我,作为你的朋友,现在你希望我怎么做?我

同理倾听

很愿意听你讲述发生了什么事，以及这对你产生的影响。我也愿意帮助你思考不同的回应方式。或者，也许别的做法更有用。现在我作为你的朋友最好怎样做？

如果这样问感觉不对劲，一种相对安全的选择是从反馈式倾听开始，看看接下来如何发展。然后你可以通过提一些问题引出对方的想法，比如"你认为你会怎样做"。如果你要提出任何自己的建议，一般来说最好先征得对方的同意："我可以说出我的一些想法吗？你可以告诉我这对你来说是否有意义。"

当然，讲话者也可以提前发出信号，说明自己希望怎样做。在前面的例子中，待在家里的一方就是这样开始的："你是否愿意花几分钟时间和我谈谈？我有话想跟你说，我希望你只是听我说就好。"

合作：共同责任

同理心会激发出对他人的幸福的慈悲心和行动。在人际关系中，共同实践同理理解滋养了人们对彼此的健

第 13 章　亲密关系中的同理理解

康和幸福做出的承诺。然而，是什么令你的朋友或伴侣感到快乐？你会自然而然地倾向于提供令**你自己**感到快乐的东西，但人们的需要和偏好存在差异，对方喜欢的往往与你相反。同理倾听可以帮助两个人理解是什么让他们彼此感到快乐。

P 和 D 的力量

我为夫妻关系提供咨询时，有时会使用一种直接的方法，让每个人列出他们的"P"和"D"——令他们高兴的事情和不高兴的事情。P 是你的伴侣所做或能做的令你感到高兴的事情，它们会让你感到快乐和被爱。与此相反，D 是指让你不高兴的事情，当你的伴侣这样做时，你可能会感到受伤或不快。只从你自己的角度思考来列出这些 P 和 D，这是一项有趣的练习。你可以更进一步，猜猜你的伴侣可能列出哪些 P 和 D，也就是你所做的令人高兴或不高兴的事情。

除非你小心避免这种情况发生，否则人际关系随着时间的推移往往会出现一种自然趋势。在亲密关系的早

同理倾听

期,P是非常强大的,一个眼神、一句暖心的话、一个吻或一次抚摸都会令人兴奋。随着一段关系的成熟,P的力量会自然而然地下降。一次抚摸或一次赞美已经不像以前那样令人兴奋了。这是一个相互适应的自然过程。如果赞美来自一个魅力十足的陌生人,可能令人兴奋不已,而同样的话语如果来自他的伴侣,作用可能就没有那么大。因为随着时间的推移,P的直接影响会越来越弱,一个人会倾向于减少这方面的练习,对他的伴侣来说,感觉就像"被认为这都是理所当然的"。

在恋爱关系中,D的影响正好相反。来自陌生人的怠慢或批评很容易被忽略和遗忘。可以肯定的是,有些人对再小的拒绝都非常敏感,但如果拒绝是来自没有任何关系的人,影响确实会更小些。也有那种典型的消极者,他们总是以批评、评判和否定的方式回应。久而久之,人们就会无视他们的建议:"别往心里去,她总是那样。"于是这些人的D就失去了影响力。但在恋爱关系中,D真的会刺痛人心。在圣·埃克苏佩里的经典故事《小王子》中,狐狸告诉小王子[1]:"你必须永远对自己所驯服的东西负责。"来自你真正在乎的人的批评或拒

---

1. de Saint-Exupéry, A. (1943). *The Little Prince*. Orlando, FL: Harcourt.

第 13 章 亲密关系中的同理理解

绝，会令你受到毁灭性的打击。这是一种对比效果。在 P 的漫长历史中，D 可能会令人震惊。反之亦然。长期吹毛求疵的主管如果给出罕见的赞美会令人兴高采烈。

这意味着我们在亲密关系中尤其有责任关注自己的 D。那些平时得到你积极关爱的人，偶尔说一句刺耳的话会让你很难受。这就是长期关系中存在的危险。随着时间的推移，P 的影响力自然开始减弱，D 会发挥作用（尽管不一定是你想要的作用）。因此，一段充满爱的关系可能会转向厌恶彼此。痛苦的夫妻们前来接受咨询时，这是一种常见的情况。他们基本都在互相攻击，P 几乎已经消失。令人感到讽刺的是，随着时间的推移，即使是 D 也会失去影响力。这种局面绝非不可挽回，而且更重要的是，这是可以预防的。

那么，这一切与倾听有什么关系呢？要记住，同理倾听是为了理解对方的内在体验。我们不可能自动知道什么会令别人感到高兴。我们可以猜测，但正如第 3 章所示，这种猜测往往是错误的。反馈式倾听是一个核实你的猜测直至猜中的过程，这里的"猜中"意味着理解对方的经历。即使心怀爱意，你给别人的东西仍然有可能是你自己喜欢的而非他们喜欢的。

同理倾听

因此,我鼓励痛苦的夫妻们开始关注他们的 P 和 D。首先让每个人写下自己的清单,鼓励他们尽可能列出 P 的清单。(一般来说,在人们开始接受夫妻关系相关咨询时,D 的清单已经很长了。)然后他们交换清单,了解自己的伴侣有哪些 P 和 D。从这时开始,每个人都有责任在这段关系中增加他们自己的 P,并减少自己的 D。他们在一段时间内有意识地关注和记录他们自己的 P 和 D,以及他们从伴侣那里体验到的 P 和 D。双方各自负责提升自己的 P 与 D 的比率,不必考虑伴侣的行为。(否则会陷入无休止的报复循环:"你让我不高兴了,所以我也要让你不高兴。")可以把 P 视为你在银行的存款,而每个 D 都是一次性取款。

当然,你不必等感到痛苦时才开始关注自己的 P 和 D。意识到你的行为是如何影响对方的,做出积极的改变,这在任何时候都是有价值的,在习惯和对立情绪变得根深蒂固之前,这样做要容易得多。追踪你在一天之内为大家带来的 P 和 D 也是一件很有趣的事情。虽然你不知道每个人的 P 和 D 列表,但你可以很容易猜到别人怎样看待你的言行举止。

第13章 亲密关系中的同理理解

要求改变

处在人际关系中的人们也需要一种方法来要求彼此做出改变。下面是推荐采取行动的顺序：

1. 清楚地表明你是在提出请求。例如："我想请你为我做件事"，或者"我想知道你是否愿意尝试另一种不同的做法，我认为这样可以提升我们之间的关系"。

2. 提出具体的请求。像"我希望你变得更好"这样笼统的请求不够明确，也许你知道自己是什么意思，但对方很可能不知道。要聚焦于这个人可以做的具体事情："我们谈话时，请看着我的眼睛，不要摆弄你的手机"，或者"在你为我们俩安排日程之前，请和我确认一下"。

3. 让对方用自己的话重复你的请求，确保他们已经理解了。

4. 询问这个人是否愿意这样做。

5. 对对方的倾听表达谢意。

在适当的情况下承担部分责任，或者以某种方式对希望出现的改变提供帮助，也是有好处的。

同理倾听

如果你收到这样的请求,你的任务就是确保自己正确理解。你可能会出现防御心理,但首先要搞清楚别人对你提出了什么要求,然后你才能决定自己是否愿意和能够这样做。"我会试试看"暗示你愿意这样做,但你怀疑能否做到。更明确的承诺是"我会的"或"我会尽力而为"。我一般不建议双方进行交易:"如果你愿意_____,我会为你这样做。"只要有一个人不完美,这样的交易就会迅速瓦解,当然,我们所有人都是不完美的。[1] 就像好好倾听一样,改变需要的也是坚持不懈。

让一段恋爱关系保持健康和牢固就像一场长途旅行。你越早开始实践同理倾听并关注自己的 P 和 D,效果就越好。[2] 生活带来了一波又一波的喜悦和忧愁,每一波都会过去。[3] 要坚持下去。如果人际关系变得越发痛苦,会出现一种常见模式:一方提出的要求越来越迫

---

1. Kurtz, E., & Ketcham, K. (1992). *The spirituality of imperfection: Storytelling and the journey to wholeness*. New York: Bantam Books.

2. Gottman, J. M., & DeClaire, J. (2001). *The relationship cure: A 5 step guide to strengthening your marriage, family, and friendships*. New York: Three Rivers Press.

3.(我们)生来就要面对喜悦和忧愁;如果我们能够正确认识这一点,便可安然走遍整个世界。——威廉·布莱克(William Blake),《天真的预言》(*Auguries of Innocence*)

第 13 章 亲密关系中的同理理解

切,另一方却越来越退缩。[1]这是人际关系的死亡螺旋,但如果及时修正,这个过程并非不可逆。在工作中面对痛苦的夫妻时,我发现,关键是要及时打断他们过于相互挑剔的模式,帮助他们采取积极措施来修复他们彼此之间的关系。想要迅速修复很少能成功,有时完成修复需要很长时间。最好还是尽早开始实践同理理解,并承担责任,为彼此的幸福快乐做出贡献。

---

1. Eldridge, K. A., Sevier, M., Jones, J., Atkins, D. C., & Christensen, A. (2007). Demand–withdraw communication in severely distressed, moderately distressed, and nondistressed couples: Rigidity and polarity during relationship and personal problem discussions. *Journal of Family Psychology, 21*(2), 218–226.

同理倾听

试试看！

想想你生活中的重要关系。如果你打算列出自己的 P 和 D 清单——别人所做的令你特别高兴和不高兴的事情，你的清单上会出现什么？其中一个清单是否比另一个长？现在想象一下，如果对方写下他们对你的 P 和 D，他们会说些什么。要记住，这是你的想象——你想象的事情可能与对方实际说出的内容完全不同。如果你们两人都写下 P 和 D 的清单然后彼此交换，会发生什么？

如果你打算要求你关心的人做出一项具体的改变，你会怎样应用本章的指导方针来准确表达自己的请求？

和你生活中一个重要的人一起实践同理理解的技巧。最理想的状况是这个人也在学习本书中描述的技巧。同样，不要从令人紧张或难以应付的话题开始，而是选择本章前面提供的话题之一。如果你要把这项练习介绍给一个不熟悉这种做法的人，你可以这样解释（但要用你自己的话来说）：

我正在努力学习怎样更好地倾听，我想知道你是否

第 13 章 亲密关系中的同理理解

愿意帮助我练习。你可以从这个清单上选择一个话题，用大概 5 分钟的时间谈论这个话题，我会尽量努力倾听。在这个过程中，我会偶尔确认一下，确保我理解正确。然后等你讲完，我会给你做一个简短的总结，你可以告诉我，我总结得怎么样。

如果对方也在实践这些技巧，在你作为讲话者就其中一个话题谈论 5 分钟之后，你们可以交换角色。

第14章

倾听价值观

如果我们相信的事情与我们所做的事情不同,就没有幸福可言。

——阿尔贝·加缪

随着时间的推移,倾听会变得越来越容易,你能够更好地了解人们,你可能会开始理解隐藏在他们表面之下的想法和行为背后的价值观。无论是否有所意识,我们每个人都有一套自己的价值体系,引领我们在这个世界上的认知和行为。我们可以帮助彼此更清楚地认识到我们最关心的是什么,从而有意识地按照自己的核心价值观过更完整的生活。[1]

---

1. Rokeach, M. (1973). *The nature of human values*. New York: Free Press; Kirschenbaum, H. (2013). *Values Clarification in Counseling and Psychotherapy: Practical strategies for individual and group settings*. New York: Oxford University Press.

同理倾听

倾听价值观不仅仅限于表面。我们所追求的价值观可能不会体现在日常的闲谈中。这种形式的倾听会深入表面之下，（在允许的范围内）探索隐藏在行为背后的指导目标或意图。

如果你希望进一步深入，倾听隐藏在一个人当前的经历背后的价值观，你会忍不住提出分析性问题：

· 你为什么相信那个？

· 你希望实现的是什么？

· 是什么让你这样做？

提出这样的问题并没有错，但正如第 8 章所讨论的，问题至少会带来一种潜意识的压力迫使对方回答。问题可能会引起你的好奇心，但我发现，反馈你听到的内容以及那些心领神会的言外之意，往往效果更好。下面是一个例子：

讲话者（S）：对于我的上司让我做的事情，我感到不安，某些事情没有经过官方途径。

倾听者（L）：你觉得这样做不对。

S：我觉得这样不行。我确实想保住我的工作，我想我明白他打算做什么，但这会给我带来麻烦。

第14章 倾听价值观

L：比如法律纠纷。

S：甚至在公司内部也一样。我不知道他的老板是否知道这件事。

L：这件事最令你困扰的地方是，可能使你彻底陷入麻烦。

S：嗯，如果我按他的要求去做，我不知道接下来会怎样。

L：一旦你打开那扇门……

S：是的。但主要是，这是不对的。

L：听起来有点像撒谎。

S：嗯，是的。我想这才是真正令我困扰的地方。我从小到大所受的教育都是要诚实。

L：所以不仅仅因为你可能惹上麻烦，还因为这违背了你的信仰，违背了你在成长过程中学到的东西。

S：对。那句老话怎么说的来着？你一旦开始骗人，就要编织出一张错综复杂的网。情况会变得越来越复杂。

L：保持诚实更容易些。

S：而且要记的东西比较少。（微笑）

倾听者所有的回应都属于反馈式倾听陈述。如果倾

同理倾听

听者提出诸如"你担心的是什么?"这样的问题,可能结果也是一样。然而,这会使倾听者把注意力集中在**担忧**上面,比如担心对方被抓住,然而担忧并不是全部。即使是善意的问题也会使谈话的视野变窄。在上面的情况下,讲话者意识到了诚实的潜在价值。

我们持有的价值观彼此之间也会发生冲突。第12章中有一项练习,讲话者谈"令自己左右为难的事情",倾听者的任务是好好倾听,理解对方感到矛盾的两方面。这"两方面"一般至少会涉及两种对方坚信的价值观,在这种特定的情况下,这两种价值观会彼此发生冲突。

· 我爱我的孩子,但也不赞成她所做的事情。

· 我相信人们这样做是正确的,但我也相信人们应该有自己做决定的自由。

· 我内心一部分想帮忙,另一部分又厌倦了帮忙。

在这种情况下,**两种**价值观都很重要,问题在于怎样从中协调或选择。在这种处于矛盾心理的情况下,找一个知道如何倾听而不会忍不住去解决问题、偏袒一边或给出建议的人谈一谈,会特别有帮助。[1]

---

1. Miller, W. R., & Rollnick, S. (2013). *Motivational interviewing: Helping people change* (3rd ed.). New York: Guilford Press.

第14章 倾听价值观

关于矛盾心理

矛盾心理是一种内部冲突，通常是两种或多种价值观的冲突。下面五点有助于了解矛盾心理。

1. 首先，这是完全正常的。你想要某个东西，同时你又不太想要它。你内心一方面喜欢这个，另一方面又不太确定。你关心 X，同时你也关心 Y 和 Z。你没有发疯，这就是人性。

2. 矛盾心理会令你长时间陷入僵局。例如，在你考虑做出某些改变时，会出现一种常见的模式，你会先思考为什么要这样做，再思考不这样做的理由，最后干脆停止思考，因为矛盾心理让人伤脑筋，索性不去想它更容易些。

3. 矛盾心理有三种类型。最简单的一种是**行动与行动**的冲突——在两种（或多种）积极的可能性之间纠结，这两种可能性都是你想要的，但不能共存。这是个在糖果店里如何做选择的问题。第二种是**停止与停止**的冲突——"魔鬼还是深海"或者"岩石还是硬地"之间的冲突。这涉及两种（或多种）你希望避免的可能性。第三种是**停止与行动**的冲突——你同时想要和

同理倾听

不想要某个东西；或者更糟，你在两种东西之间挣扎，两个都是你既想要又不想要的。这种情况真的会令你抓狂。

4. 当你感到矛盾而有人告诉你应该怎么做的时候，你一个自然的反应可能是支持相反的做法。在这个过程中，你会说服自己走上一条特定的道路。即使你同意对方的观点，你还是会自然而然倾向于另一个方向。他们可能认为自己是为了帮你，但如果有人坚持某个选择，很可能反而把你推向相反的方向。

5. 要摆脱这样的困境，最大的挑战就在于要抵制住不去想这个问题的诱惑。1772年，本杰明·富兰克林描述了一种感到矛盾时下定决心的方法[1]，这也许可以追溯到更古老的时期。考虑两种不同的可能性时，在一张纸中间画条线，在一侧（A）列出选项A的优点（可能也包括选项B的缺点），然后在另一侧（B），列出选项B的优点。你也可以列出四个清单：选项A的优点、选项A的缺点、选项B的优点、选项B的缺点。列出这样的

---

1. Franklin, B. (1772). Moral or prudential algebra: Letter to Joseph Priestly (September 19). *The writings of Benjamin Franklin* (Vol. 3: London 1757–1775).

第 14 章 倾听价值观

清单可以帮你意识到，情况比你想象的要清楚得多。在任何情况下，这都可以帮助你一次性纵览全局。[1]

在这种情况下，一个好的倾听者怎样做才能为对方带来最大的帮助？懂得耐心倾听的人肯定能帮助感到矛盾的对方花费足够长的时间看清全局。作为倾听者，你可能想帮助那个人做出决定，你甚至可能希望推动对方朝特定的方向前进，但要记住，这样做反而会产生相反的效果。看在上帝的分上，不要尝试那些自作聪明的"逆反心理学"战术。我认为你能做的最有益的事情就是认真倾听矛盾的两个方面（或所有方面），而不要试图解决它。

你最关心的是什么？

一般来说，为了帮助别人明确他们的价值观，最好的准备工作就是首先了解你自己的价值观。本章的最后

---

1. A more complex version was described and studied by Janis, I. L., & Mann, L. (1977). *Decision making: A psychological analysis of conflict, choice and commitment.* New York: Free Press.

同理倾听

列出了一个长长的清单，简单描述了各种可能出现的价值观，即不同的人各自珍视的东西。你可能在一定程度上关心其中的很多种价值观。这里只列出了 100 种可能性，是我和三个同事在好几年的工作中总结出来的。[1] 也许还有其他你所重视的东西没有列在这个清单上，你可以把它们加进去。我们最初把它们做成"卡片分类"的形式，把每种价值观单独印在一张小卡片上。[2] 然后把卡片分成五类：(1) 对我不重要；(2) 对我有些重要；(3) 对我很重要；(4) 对我非常重要；(5) 对我最重要。不过，更简单的方法是浏览清单，选出不超过十项你认为最重要的引导你人生的价值观。如果你希望更进一步，看看你是否能把它们按优先级排列。对你来说，真正最重要的引导人生的价值观是什么？

不妨以此为基础和你关心的人进行一次有趣的谈话。他们认为自己最重要的价值观是什么？即使是你认

---

[1]. Miller, W. R., C'de Baca, J., Matthews, D. B., & Wilbourne, P. (2011). *Personal Values Card Sort*. Department of Psychology. University of New Mexico. Albuquerque, NM.

[2]. 我们在一项研究中使用了类似的卡片分类，研究对象是那些在生活中经历了突然转型的人：Miller, W. R., & C'de Baca, J. (2001). *Quantum change: When epiphanies and sudden insights transform ordinary lives*. New York: Guilford Press.

第 14 章 倾听价值观

识了很长时间的人,结果也可能令你(以及他们自己)感到吃惊!不要仅仅列出一个清单,要进一步了解每一种价值观为什么是重要的。从一个开放式问题开始,然后你可以像往常一样应用反馈式倾听。一旦确定了几个"最重要"的价值观,就可以从类似下面这几个开放式问题开始讨论:

- 这在哪些方面对你来说是一项重要的价值观?
- 请举例说明在你的生活中怎样体现出这种价值观。
- 你为什么认为这对你非常重要?
- 对你来说,什么时候实践这种价值观最具挑战性?

但不要过分依赖这些问题,这只是个开始。关键在于,对方会越来越清楚什么才是最重要的,你要认真倾听。提出一个开放式问题,然后通过反馈式倾听让开道路,避免设置障碍。

倾听者(L):你选择了"挑战"作为你的关键价值观之一。为什么这对你来说很重要?

讲话者(S):我想我喜欢自我鞭策。

L:看看你能做些什么。

S:或者说我不仅仅满足于我已经知道怎么做的事

情。我喜欢不断成长。

L：你对自己已经知道的东西感到不满足。

S：不，不是的！我的意思是，我已经学到了很多，但我现在就要停止学习吗？

L：还有更多的可能性。

S：很多很多！如果我一直做同样的事情，很快就会感到无聊。

L：有些事情能让生活保持有趣，也许还有好奇。

S：我小时候喜欢看《星际迷航》的电影，"让我们看看外面有什么！"

L：你不喜欢满足于现状。

S：嗯，有时候我觉得这既好也不好。我是那种有点不安分的人。

L：这种"挑战"的价值观，另一方面是永远不会有归属感。

S：这两者之间不能实现某种平衡吗？

L：也许可以。

S：我想这也许就是我想要的，但我不想失去那种锐气。

L：你多少有点喜欢这种动荡，同时你或许也可以更加享受当前的生活。

第14章 倾听价值观

最后这句反馈式陈述是双向的，同时反映了两个方面。这种双向反馈对于出现矛盾心理的人尤其有用。它反映了两个主题，中间用"同时"连接。这两方面都是真实的。当人们感到矛盾时，"是的，但……"就是让他们陷入困境的地方。"但"这个词有点像块橡皮擦，这很有趣，它会降低前面内容的价值。"你是个好人，我真的很喜欢你，但……"突然，前面的话逐渐消失，你做好心理准备迎接下面的内容。而"同时"既重视它前面的内容，也重视后面的内容。"你是个好人，我真的很喜欢听到你的想法，同时当你给我发来那么多消息时，我很难注意到所有的内容。"

上面的对话也是"延伸段落"一个很好的例子，是同理倾听的一种方式。稍加改动，所有的反馈都能像讲话者自己的思想过程，像内心独白一样流畅地进行下去：

讲话者：我想我喜欢自我鞭策，了解我能做些什么，而不是仅仅满足于我已经知道如何去做的事情。我喜欢不断成长。我对自己已经知道的东西感到不满足。我的意思是，我已经学到了很多，但我现在就要停止学习吗？还有更多的可能性。很多很多！如果我一直做同样的事情，很快就会感到无聊。有些事情能让生活保持有趣，也许还有好奇。我小时候喜欢看《星际迷航》的电影："让我们看看外面有什么！"我不喜欢满足于现状。有时候我觉得这既好也不好，我是那种有点不安分的人。这种"挑战"的价值观，另一方面是永远不会有归属感。这两者之间不能实现某种平衡吗？也许可以。我想这也许就是我想要的，但我不想失去那种锐气。我多少有点喜欢这种动荡，同时我或许也可以更加享受当前的生活。

某种程度上，讲话者和倾听者在一起讲述一个故事——讲话者自己的故事。

第 14 章 倾听价值观

> **试试看！**

在下面的清单中，你会选择哪些列出一个较短的清单，展现自己生命中最重要的指导人生的价值观？不要超过十项，再少一点更好。你能否从中选出哪一项或哪几项排在最前面，也许比清单上的其他各项更重要？你会怎样排列它们的顺序？（如果你不想做这一步也没问题。）

下面是针对较短清单上的每一项，你可以思考的一些问题：

· 为什么你认为这些是你的核心价值观？有没有一个重要的人在这方面教导你或者为你做出榜样？

· 如今你在生活中以哪些方式体现这种价值观？有哪些例子能说明你在实践这种价值观？

· 你在什么时候会觉得实践这种价值观极具挑战性？你的另一些价值观是否与之冲突？

· 你怎样才能在生活中更充分地表达和实践这种价值观？有哪些机会？

你可以跟谁讨论这些核心价值观？你是否可以跟哪

同理倾听

位朋友或哪个群体进行一次建立关系的有趣练习？轮流采访对方确定的核心价值观，从本章中描述的开放式问题开始，然后进行反馈式倾听。

你可能有机会好好倾听对方谈论某个令他们感到矛盾的话题。这很常见。如果你实践本章介绍的方法，而不仅仅是保持沉默、提供建议或设立其他路障，你能想象谈话会怎样发展吗？下次出现这种情况时，试一试。

第14章 100种个人价值观

100种个人价值观

1. 接受——展现自己本来的样子并接受它
2. 正确——我的观点和信念正确无误
3. 成就——取得重要成就
4. 冒险——刺激人心的全新体验
5. 艺术——通过艺术来欣赏或表达自我
6. 吸引力——外表吸引人
7. 权威——领导别人
8. 自主——自行决定、独立自主
9. 美丽——欣赏我身边的美好
10. 归属感——有成为其中一部分的归属感
11. 关心——照顾他人
12. 挑战——接受困难的任务和问题
13. 舒适——享受愉快舒适的生活
14. 承诺——做出持久、有意义的承诺
15. 同情——关心他人的感受和行动
16. 复杂——接受生活的错综复杂
17. 妥协——为了达成协议愿意付出和接受

18. 贡献——对世界做出持久的贡献

19. 合作——与他人合作

20. 勇气——勇敢坚强地面对逆境

21. 礼貌——体贴客气地对待他人

22. 创造力——创造新事物或新想法

23. 好奇心——追求、体验和学习新事物

24. 可靠——值得依赖和信任

25. 勤奋——对我所做的任何事情认真而深入

26. 职责——履行职责和义务

27. 生态——与环境和谐相处

28. 兴奋——享受充满兴奋刺激的生活

29. 忠诚——在人际关系中保持忠诚、真实

30. 名望——为人所知、得到认可

31. 家庭——拥有充满爱的幸福家庭

32. 健美——保持身体健康强壮

33. 灵活性——轻松适应新的环境

34. 宽恕——原谅别人

35. 自由——不受不适当的限制和约束

36. 友谊——拥有亲密的、支持自己的朋友

37. 乐趣——玩得开心

第14章 100种个人价值观

38. 慷慨——把所拥有的给予别人

39. 真诚——做真实的自己

40. 天意——寻找并遵从天意

41. 感恩——心存感激

42. 成长——不断变化和成长

43. 健康——身体状况良好

44. 诚实——诚实可信

45. 希望——保持积极乐观的心态

46. 谦逊——谦虚、不装腔作势

47. 幽默——看到自己和这个世界幽默的一面

48. 想象力——拥有梦想并看到可能性

49. 独立——不依赖他人

50. 勤勉——努力工作，完成自己的人生任务

51. 内心平和——体验自己内心的平静

52. 正直——以符合自己的价值观的方式来生活

53. 智慧——使自己的头脑保持敏锐和活跃

54. 亲密——与别人分享我内心深处的体验

55. 公平——促进所有人享受公平和平等

56. 知识——学习和贡献有价值的知识

57. 领导力——激励和引导别人

58. 闲暇——有时间放松和享受

59. 被爱——被我亲近的人所爱

60. 爱——给予别人爱

61. 精通——在自己的日常活动中游刃有余

62. 正念——有意识地活在当下

63. 适度——避免过度，找到中间地带

64. 配偶——拥有一段充满爱意的亲密关系

65. 音乐——在音乐中欣赏或表达自我

66. 不墨守成规——质疑和挑战权威和规范

67. 新奇——拥有充满变化的生活

68. 培养——鼓励和支持他人

69. 开明——对于新的经验、想法和选择持有开放的心态

70. 秩序——拥有秩序井然、有条理的生活

71. 激情——对想法、活动或人产生强烈的感受

72. 爱国——热爱和保护我的国家，并服务于它

73. 高兴——感觉开心

74. 受欢迎——被很多人喜爱

75. 权力——控制和支配他人

76. 实用性——注重实际、谨慎、明智

第14章 100种个人价值观

77. 保护——保护自己所爱的人，保证他们的安全

78. 供给——供养和照顾自己的家人

79. 目标——生活拥有意义和方向

80. 理性——遵循理性、逻辑和证据

81. 现实主义——看法和行动符合实际和现实

82. 责任——制定和执行负责任的决定

83. 风险——承担风险和机会

84. 浪漫——在生活中拥有令人兴奋的、热烈的爱

85. 安全——安稳安定

86. 自我接纳——接受真实的自己

87. 自律——控制自己的行为

88. 自尊——自我感觉良好

89. 自我认知——深入且诚实地了解自己

90. 服务——帮助他人，为他人服务

91. 性爱——有活跃且令人满足的性生活

92. 简单——生活简单，只有最低限度的需要

93. 独处——拥有自己一个人的时间和空间

94. 灵性——在精神上成长和成熟

95. 稳定——拥有相对稳定的生活

96. 宽容——接受和尊重与自己不同的人

97. 传统——遵循以往值得尊重的模式
98. 美德——在生活中保持优良纯洁的品行
99. 财富——拥有很多钱
100. 世界和平——为促进世界和平而努力

第15章

在冲突中好好倾听

教育是这样一种能力,即倾听任何话语都不会大发雷霆,也不会丧失自信。

——罗伯特·弗罗斯特

在冲突状况下经常会发生一种特殊情况:人们停止倾听彼此。一旦认定别人站在了"另一方"的立场上,似乎就没有必要再倾听他们的话语了,至少在敏感话题上没有意义。这种情况会发生在家人和朋友之间,也会使会议或立法和管理机构陷入瘫痪。

也许没有哪种情况比处于冲突之中好好倾听更具挑战性。同理倾听可能不足以解决冲突,但至少是个好的开始。我们的目标在于首先理解另一种不同的观点。良好的倾听并不意味着同意。有人可能会担心:"如果我

同理倾听

不开口质疑听到的内容,就等于表示赞同。"其实并非如此。理解只是一个开始。

让我们复习一下,好好倾听是为了理解,这完全不同于另一种谈话模式——在一定时间内保持沉默只是为了知道怎样表示反对或者表达自己的观点。现在,你不再强调观点或卖弄聪明,你不再去评判、贴标签或假设自己已经知道。这种倾听唯一的目的是理解对于另一个人来说最重要的是什么,他们有何想法和感受。这种倾听基本的心理状态是**好奇心**——一种求知的兴趣和渴望。这种倾听需要遵循至少三项颇具挑战性的规则:

1. 将你全部的、不可分割的、充满好奇心的注意力,专注于理解对方的经历(见第 6 章)。

2. 避免设置路障(见第 5 章)。

3. 在同理倾听中,试着像镜子一样尽可能准确地反馈你认为对方是什么意思(见第 8 章)。

同理倾听对于理解任何一种体验都很有用,但在本章中,我们将讨论与冲突有关的三种更具挑战性的应用方式。首先是认真倾听与你意见相左的人;其次,反馈式倾听有助于减少愤怒和纷争;最后,精准同理心是解决冲突的重要组成部分。

第 15 章　在冲突中好好倾听

跨越鸿沟的倾听

我们的内心总有种渴望，想把这个世界一分为二：我们和他们、黑色和白色、东方和西方、正确和错误。这样做很简单，仿佛世界上只存在两种观点，而我们自己所持的恰好是正确的一种。当然，这是一种幻觉。有多少人，就有多少不同的观点。政治和宗教往往属于充满争议、两极分化的话题，但这种二元感知现实的方式可能发生在很多情况下，包括社会团体（加入和退出）、刻板印象、学术纪律和离婚法庭。二元思维会激起冲突和分裂，随着我们停止倾听彼此的声音，会进一步加剧这种冲突和分裂。

我相信，认真倾听与我们意见相左的人十分重要。首先，可以了解与自己不同的观点，并改掉全无好奇心、立即消除分歧的习惯，能够开阔眼界。好好倾听可能会揭示出意想不到的共同之处，促进合作与人际关系。它还避免了从错误的假设出发。如果我们的猜测与陈述本身的意思大相径庭（见第 3 章），那么当我们对某个人复杂的价值观和信念做出假设时，我们可能会产生很多误解！

同理倾听

首先选择与你没有冲突、只是观点或价值观与你不同的人一起练习，会比较容易。事实上，你几乎可以选择任何人，只要你对他们没有恶意，因为不管你选的是谁，都至少有某些观点与你相左，但一定要设法跳出你的舒适区。例如，选择一个政治或宗教价值观可能与你截然不同的人，区别越大越好。这不是一次谈话、对话、讨论或辩论，这是一个练习好好倾听的机会。

对于大多数人来说，如果有人认真倾听他们讲话，唯一的目的就是理解他们的观点，这是一种相当罕见的体验，尤其是对于存在争议的话题。毕竟，平时在一周里，你能感受到多长时间的高质量倾听？因此，提前明确你打算做什么是很重要的。如果我想找个政治观点与我迥异的人来练习倾听，我会这样提出邀请：

如果人们的政治观点大相径庭，似乎就不会再倾听彼此的想法。也许我们会花一点时间交谈，但不会真正带着兴趣和尊重去倾听。我相信我们应该加强这一点，我需要练习！如果你愿意的话，我希望能花一个小时左右的时间对你进行访谈，唯一的目的是更好地理解你的观点。我打算倾听你的话语，我不会打断你，也不会表示同

第 15 章 在冲突中好好倾听

意或反对，只是为了理解你的政治价值观，以及对你来说什么是重要的。我可能会提出一些问题，但大部分时间我会尽可能努力倾听。我会告诉你我的理解，然后你可以告诉我，我理解得怎么样。你愿意帮我练习吗？

是的，一个小时。这是一个不寻常而诱人的机会，有人花整整一个小时倾听你讲话，除了理解你之外没有其他目的。没有人拒绝过我。这也是个值得高兴的事实：在这方面我们确实需要练习！尤其具有挑战性的是，认真倾听那些我们可能激烈反对的话题，至少暂时停止捍卫我们自己的观点和看法。"访谈"这个词用在这里很合适，因为一个好的访谈者追求的是理解和清晰。这不是普通的谈话，访谈者的角色与被访谈者不同。当然，有些"访谈者"似乎对宣传他们自己的观点更感兴趣，但在我看来，这不是一种好的访谈。某些问题比如"难道不是_____？"或者"你难道不同意_____？"会有所偏袒，或者有引导性。这更侧重于争论，而非好奇。

访谈则不一样，采访某人只是为了理解对方的信念。在这个过程中，你自己的观点至少暂时与此无关。

同理倾听

事实上，如果一次访谈做得好，讲话者可能对你自己的信念知之甚少。目的不在于挑战或改变讲话者的观点，只是去理解他们。

在跨越鸿沟（即可能存在分歧的问题）而进行倾听时，你可能会多次设置路障或几乎自动地去做出反应。在双方对立的情况下，人们很容易条件反射地反驳不同的观点。要坚持同理倾听的过程！

我注意到，人们在谈论一个热门话题时，往往从回顾一些具体的事件或表达对于人或事的不满开始。如果你能不设置路障，对这些内容认真倾听，就有可能超越具体的细节，接近更普遍的价值观和信念。用心倾听，进一步深入思考。这些例子表明讲话者可能存在哪些潜在的理念或原则？思考这些问题时，要认清你是在进行猜测。讲话者希望朝哪种"好"的方向前进？是哪些积极价值观在引导这个人的观点？例如，政治需要平衡复杂的利益之争，要优先考虑存在潜在冲突的价值观。在这个人看来，他最优先考虑的价值观是什么？小心不要过分依赖于问题，照例在提出任何问题之后进行反馈式倾听。我发现很多人没有深入考虑过自己的信念基础。人们并没有把自己具体的甚至强烈支持的政治观点清晰

第 15 章 在冲突中好好倾听

地与相关的潜在价值观联系在一起。得到认真的倾听能够让人更深刻地理解自己的信念及其完整性。

可能有些话题会触及痛处，令你无法好好倾听。无论出于什么原因，有些话题很难不带评判地倾听。也许它们涉及痛苦的个人历史、未解决的冲突，或者动摇了你根深蒂固的价值观。心理医生经常会发现自己不适合面对特定类型的客户或问题。这很正常。认真倾听的同时，也要认识到你自己的局限。

在困境中倾听

长期以来，同理倾听被用于"对付"那些非常激动或生气的人。有人肯好好地倾听你讲话、理解你的经历，会令人平静下来，也有助于防止误解发生。这些技巧在教育或社区警务等方面尤其有用，在这些环境中，一个人有责任保持冷静，吸收负能量，不以同样的方式做出回应，而是冷静地寻求解决方法。客户服务就是这样一种环境，"顾客永远是正确的"，即使他们并非如此。通常提倡的回应方式包括反馈式倾听、道歉和承担

同理倾听

部分责任。育儿是另一种成年人需要担任特殊角色和承担责任的情况。在这种情况下,防御式或进攻式的反应只会增加冲突和愤怒。

下面这个现实生活中的例子是两个同事在打电话时的情景。首先是一个愤怒的讲话者开始说话。

倾听者(L):喂?

讲话者(S):你以为你是谁,你告诉我妻子我应该照顾我们的孩子?我们的家庭生活根本与你无关!

L:听起来你真的对我很不满。(反馈)

S:当然!你告诉她,她出门的时候我应该照顾孩子,你是什么意思?

L:这似乎干涉了你的私事。(反馈)

S:不是吗?

L:告诉我你为什么这么生气。(反馈)

S:我们都下班回家了,她说她周四晚上要出门,而你告诉她我应该照顾孩子们。

L:我明白了,我听起来很鲁莽!(反馈)

S:见鬼,没错。你怎么想的?

L:老实说,我需要我们六个人聚一聚,其他五个

第 15 章 在冲突中好好倾听

人这周四晚上都有时间,所以我要确定卡罗尔是不是也能来。(提供信息)

S:那和我有什么关系?

L:她说她必须照顾孩子们,我想知道你是否可以暂时照顾他们。我猜那就是你认为我越界的地方。(反馈)

S:当然了。

L:所以在你看来,我试图控制你的生活,或者对你指手画脚(反馈)。很抱歉我冒犯了你,那绝不是我的本意。

S:我们怎么照顾孩子是我们两个人之间的事,就这样。

L:我明白这一点,我道歉。

S:我接受道歉。

在这种情况下,人们往往很容易采取防御的态度:"我不认为我说的话有什么问题。你不能有时候也照顾一下孩子吗?"你可以想象结果会怎样。坚持同理倾听往往会得到更好的回应,并且可以迅速平息事态。

当然,有时你确实需要做出限制或者遵守规定。在客户服务中对于你可以或应该通融到什么程度存在一定

同理倾听

限制。这种情况也发生在育儿的过程中,坚持原则是有好处的。坚持原则的一种做法是表示理解对方所说的话,同时平静地重复限制或规定。这在黑胶唱片时代被称为"坏唱片"技巧,指的是唱片上的瑕疵会导致唱针跳过去,不断重复同样的声音。下面是一位14岁的讲话者和他的家长之间的对话。

讲话者(S):我要出去一会儿。我回来以后会把作业做完的。

倾听者(L):不,很抱歉,规定是你要先做完作业。

S:但我没那么多作业要做!根本不会花很长时间的。

L:我很高兴你剩下的作业不多,规定是你要先完成家庭作业。

S:不可能!我的朋友们在等我。

L:我知道你很想见他们,但你的家庭作业得先做完。

S:这是一条愚蠢的规定。

L:我明白这令你感到为难,是的,这就是我们的规定:先做完作业。

S:但等我做完,他们就走了!

L:那确实会令你感到失望。先做完作业再说。

第15章 在冲突中好好倾听

S：我该怎么跟他们说？

L：我们有一条规定，你必须先完成家庭作业。很抱歉！打电话给他们，看看他们是否愿意留下来，直到你完成那点儿作业。

好好倾听后更进一步

好好倾听本身就很有价值，也可以为进一步发展打下基础。在"跨越鸿沟的倾听"的例子中，你认真倾听一位朋友对争议性话题的看法（也许你的搭档也会倾听你的看法），这会成为继续对话的基础，无关输赢。你们有可能发现一些共同的目标或信念，为后续合作奠定基础。好好倾听只是第一步。同样，在"在困境中倾听"的例子中，你优先反馈对方的体验，表明你已经"理解"。在此基础上，才有可能通过协商找到解决方案。

在解决冲突时也一样。同理倾听是理解彼此观点和目标的一个良好开端。调解的过程一般会从相互倾听开始。调解人在场的情况下，每个人都有机会讲述自己

同理倾听

的故事,而其他人负责倾听,最好不要出现打断对方或设置路障的情况。如果人们的想法得到很好的倾听,他们自己往往也更愿意倾听别人的话。双方有什么共同之处?也许双方都对现状不满意,希望找到解决办法来改善。每个人愿意做什么?希望对方做什么?相互肯定(见第 10 章)可以进一步削弱防御心理、开启沟通交流。同样,这与谁输谁赢无关,调解就是寻找一种双方都同意的方式,至少在一定程度上满足每个人的需要和愿望。修复关系存在一些明显的相似之处(见第 13 章)。

第 15 章　在冲突中好好倾听

试试看！

跨越鸿沟的倾听

从你认识、喜欢或尊重的人开始，而且是那些观点与你自己大相径庭的人。意见分歧可能出现在政治、育儿、宗教或价值观等存在争议的领域。你可以单方面倾听，也可以建议双方都花些时间倾听彼此并理解彼此的观点。如前所述，这样的访谈通常需要做些解释，比如："我想知道你是否愿意花一个小时的时间，一边喝咖啡一边告诉我你对_____的想法和感受。这不是一次讨论或者辩论，我进行访谈的目的只是为了能更好地理解你的观点，以及对你来说什么是重要的。我不会阐述自己的观点，仅仅倾听并理解你的观点。我可能会向你提出几个问题，但大多数时间我会尽可能地努力倾听。"

如果你花时间去倾听和理解另一个人的观点，对方没有义务给出同样的回报。但如果你们每个人都练习一次倾听，另一个人不一定要具备前面章节中所述的技巧。如果你是第一个倾听者，你会树立一个榜样。最基

同理倾听

本的原则是,倾听的目标在于理解,而非讨论或辩论。倾听的时间为一个小时比较合适。提出问题然后保持沉默是最容易做到的,但这也是一个练习反馈式倾听的理想机会。

不过,访谈者往往会提前考虑好他们想问的问题。例如,以下是一些在探讨政治价值观时可能会提出的问题:

1. 你认为人们应该在多大程度上对彼此的社会福利负责?

2. 你自己的精神信仰或宗教信仰是怎样影响和引导你的政治信仰的?

3. 你认为我们的政府会保护我们吗?如果是的话,从何而知?

4. 你认为哪些事情是政府不应该做的?

5. 思考政府的角色时,就你个人而言,怎样平衡个人自由和共同利益有时会产生冲突的价值观?

6. 在你思考自己最热衷的政治问题时,这体现了你哪些潜在的价值观?

7. 你对纳税有何看法?你认为应当怎样使用税款?

第15章 在冲突中好好倾听

8. 你认为哪些决策是由不同级别的政府做出的最好的决定?

9. 在很多政治观点跟你一致的群体中,你在哪个问题上与他们的普遍立场存在分歧?你的观点有何不同?为什么?

这些只是探索更普遍的潜在价值观的例子。访谈过程中可能会出现一些你事先没想到的不同的问题。在任何情况下,每次只提出一个开放式问题,然后进行反馈式倾听。

下面是另一项挑战,它更具体地关注一些特定问题,从而需要的时间较少。找个在这方面观点与你大相径庭的人,邀请对方围绕这个话题和你交谈。提前解释清楚你不打算争论或辩论,相反,你只想倾听,目的在于尽可能地理解对方在这个问题上的看法。你确实需要抵制住表示反对或试图说服对方的诱惑。提出一些开放式问题,但主要练习反馈式倾听,确保自己能够理解并表现出这一点。在谈话结束时,尽可能对你怎样理解对方在这方面的看法做出总结,同样不要进行评论或表示反对,最后感谢对方愿意进行这次谈话。当你这样做的

同理倾听

时候，你已经为实现更好的理解做出了贡献。如果对方也愿意给出同样的回报，那就更好了。

在困境中倾听

下次当有人因为你而感到生气或受伤时，试着进行同理倾听，表达你所理解的意思。你不一定要承担部分责任，虽然事实上，我们分担过错的次数要比我们愿意承认的更多。仅仅只是认真倾听就已经踏出了非常积极的一步。你能否诚实地承认部分责任？道歉是否合适？也许以后做出一些改变可以减少受伤的感觉？你们各自希望怎样？

好好倾听后更进一步

下次当你发现自己陷入冲突时，从实践同理倾听、确保你理解对方的观点开始。试着用不加评判的方式复述他们的观点，然后询问你说得对不对。注意你的语

第 15 章 在冲突中好好倾听

调,而不仅仅是措辞!然后让对方倾听你的观点,并告诉你他们听到的是什么。你可以肯定对方的哪些话?你们有什么共同点?你们希望发生什么?你们愿意做些什么?怎样的决定能让你们双方都感到满意呢?

第16章

同理理解的前景

如果我们仍然坚持部落意识,相信我们的宗教是"唯一真正的宗教",那么宗教,甚至人类本身,都将不复存在。

——理查·罗尔

从某种角度来看,同理倾听是你自己做出的一个选择,是你在某些情况下与别人产生关联时一种有用的技巧。这是一种时不时就能用到的能力,可以带来积极的影响。

然而,同理理解中有些东西会在你身上成长。打开通往他人内心世界的大门,就像发现了一个从未听说过的图书馆,里面装满了你渴望阅读的迷人故事。通过别人的眼睛,就像你自己的眼睛一样,体验这个世界的丰

同理倾听

富多彩。随着这种意识的出现，对精准同理心的追求就可以成为一种日常追求。

然而，同理理解的吸引力远远超出了人们的好奇心。精准同理心可以加深人际关系，深入日常闲聊的表面之下。如今，对话可以促进更深层次的理解和连接。精准同理心带来的友谊，将成为贯穿整个人生旅途的友情。在同理理解的怀抱中敞开心扉，亲密伴侣对彼此的爱和欣赏会越来越深。家庭、团体和社区如果有同理倾听者的存在，可以避免双方对立，促进持久的连接。

精准同理心确实可以改变你，让你睁开眼睛、打开心扉去看到人性的多样性，感受人们感知和体验生活的不同方式。同时，它也以一种神秘的方式教会我们人性的统一性——用诗人卡尔·桑德伯格的话来说："我们各大洲的人对于爱、食物、衣服、工作、演讲、崇拜、睡眠、游戏、舞蹈、娱乐的需要如此相似，永远相似。从热带到北极，人类生活的需要如此相似，如此不可抗拒。"[1]认真倾听往往会培养出接受人类弱点的同情心和耐心——不管是别人的还是我们自己的。

---

1. 出自卡尔·桑德伯格1955年出版的摄影集《人类大家庭》(*The Family of Man*)的序言。

第16章 同理理解的前景

就像很多事实一样,这也是个悖论。大多数人的内心本能地想要评判、纠正、批评和惩罚缺点,仿佛我们相信只要能让人们对自己感到不满,他们就会做出改变。然而,实际情况恰恰相反。感到自己不被认可反而会引发类似于瘫痪的状态,导致很难做出改变。令人感到讽刺的是,只有当我们感觉自己得到认可,短暂地体会到名不副实的尊重和优雅时,变化才有可能发生。有天赋的教师和助手知道怎样为服务对象提供这种得到认可的同理心体验。事实上,如果客户面对的咨询师在精准同理心方面技巧高超,他们最有可能体验到积极的变化,而同理心不足的咨询师起到的效果会比客户不接受咨询时的结果更糟。[1] 这种疗愈的力量从来都不仅仅限于持有执照的专业人员。我们在日常生活中也可以把这份礼物送给彼此。

这份礼物的一部分是"主动去做",即愿意主动倾听。为了理解对方,付出时间和精力全神贯注地倾听,这是一种充满关爱和感染力的行为。对别人感同身受,

---

1. Elliott, R., Bohart, A. C., Watson, J. C., & Greenberg, L. S. (2011). Empathy. *Psychotherapy*, 48(1), 43–49; Moyers, T. B., & Miller, W. R. (2013). Is low therapist empathy toxic? *Psychology of Addictive Behaviors, 27*(3), 878–884.

同理倾听

这是一项你几乎可以在任何情况下做出的选择。在理想的情况下，感同身受是相互的。自己首先倾听是一种以自我为中心的选择，可以打开通向相互关系和协作的大门。当然，这种情况不是一定会发生，但如果没有倾听带来的感同身受，就不会实现有意义的人际关系。

同理理解是一种意义深远的选择。这种存在方式拒绝双方对抗的幻觉，脱离以胜负而论的部落思维，趋向于将人类理解为一个多元而又相互关联的大家庭。没有人要求我们这样做，但我们人类的生存本身也许就取决于同理理解。[1]

---

1. Miller, W. R. (2017). *Lovingkindness: Realizing and practicing your true self*. Eugene, OR: Wipf & Stock; Wilber, K. (2017). *The religion of tomorrow: A vision for the future of the great traditions—more inclusive, more comprehensive, more complete*. Boulder, CO: Shambhala Publications.

图书在版编目（CIP）数据

同理倾听 /（美）威廉·米勒 (William R. Miller) 著；于娟娟译 . — 北京：华夏出版社有限公司 , 2021.8

书名原文：Listening Well：The Art of Empathic Understanding
ISBN 978-7-5222-0069-9

Ⅰ . ①同… Ⅱ . ①威… ②于… Ⅲ . ①人际关系学—通俗读物 Ⅳ . ① C912.11-49

中国版本图书馆 CIP 数据核字（2020）第 261148 号

Copyright@2018 William R.Miller, of the English original version by William R.Miller.
This edition licensed by special permission of Wipf and Stock Publishers.
www.wipfandstock.com

版权所有，翻印必究。
北京市版权局著作权合同登记号：图字 01-2018-8470 号

同理倾听

著　　者	［美］威廉·米勒
译　　者	于娟娟
策划编辑	朱　悦　陈志姣
责任编辑	陈志姣
版权统筹	曾方圆
责任印制	刘　洋
装帧设计	殷丽云
出版发行	华夏出版社有限公司
经　　销	新华书店
印　　刷	三河市少明印务有限公司
装　　订	三河市少明印务有限公司
版　　次	2021 年 8 月北京第 1 版　　2021 年 8 月北京第 1 次印刷
开　　本	787×1092　1/32 开
印　　张	5
字　　数	76.8 千字
定　　价	39.80 元

华夏出版社有限公司　网址：www.hxph.com.cn　电话：（010）64663331（转）
地址：北京市东直门外香河园北里 4 号　邮编：100028
若发现本版图书有印装质量问题，请与我社营销中心联系调换。